Clímax Club

UNA CARTOGRAFÍA
DEL PLACER

MONTAJE DE CUBIERTA Y DIRECCIÓN DE ARTE:
Celia Antón Santos

TRADUCCIÓN:
Ana Isabel Pérez Ocaña

RESPONSABLE EDITORIAL:
Eva Margarita García

Reservados todos los derechos. El contenido de esta obra está protegido por la Ley, que establece penas de prisión y/o multas, además de las correspondientes indemnizaciones por daños y perjuicios, para quienes reprodujeren, plagiaren, distribuyeren o comunicaren públicamente, en todo o en parte, una obra literaria, artística o científica, o su transformación, interpretación o ejecución artística fijada en cualquier tipo de soporte o comunicada a través de cualquier medio, sin la preceptiva autorización.

Título original: *Jouissance Club. Une cartographie du plaisir*
Copyright de los textos: © Hachette Livre (Marabout), 2019

© EDICIONES OBERON (G. A.), 2022
Juan Ignacio Luca de Tena, 15. 28027 Madrid
Depósito legal: M. 33.162-2021
ISBN: 978-84-415-4509-0
Printed in Spain

PAPEL DE FIBRA
CERTIFICADO

JÜNE PLÃ

Clímax Club

UNA CARTOGRAFÍA
DEL PLACER

OBERON

Índice de contenidos

Prólogo 9

Bienvenid@ al club 11

Saluda a tu sexo 27
    Los entresijos de la vulva 31
    Los entresijos del pene....................... 75

Bueno, ¿follamos o qué? 103
    Las zonas de placer de Cachivache 105
    Las zonas de placer de Menganite.......... 175
    Unisex 227

Es hora de concluir 244

Agradecimientos................................. 245

Para Nicky.

«Let's talk about sex, baby
Let's talk about you and me
Let's talk about all the good things
And the bad things that may be
Let's talk about sex»
Salt-N-Pepa

Prólogo

La sexualidad es algo de lo que no hablamos. Sin embargo, las palabras están por ahí, por todas partes, en los periódicos, en la tele, en las veladas con amigos y amigas, pero con frecuencia se trata de palabras que se enmascaran, que se esconden y que pasan por alto cualquier término complejo y singular.

No existen clases de educación sexual, no ha habido ninguna revolución sexual. El tabú está siempre ahí y se trata de un tabú *cool* y repleto de sarcasmo que valida la uniformidad de las prácticas y de los placeres. El resto, lo diferente, lo mal conocido, no existe. O peor aún: al resto, a lo diferente, a lo desconocido, podemos tacharlo de ridículo. La sexualidad es ese tema en el cual es posible ser opresivo y normativo conservando un aire de estar liberado(a). Estamos aún en los inicios de la exploración de nuestras sexualidades, existen miles de formas de darse placer y de ofrecerlo a los demás, miles de ritmos también, miles de periodicidades. Ninguna es superior a otra. No te ponen nota, no es una competición.

Afortunadamente, el presente es prometedor. Libros como éste contribuyen a construir un futuro sexual excitante e informado, ya que el placer no puede prescindir del conocimiento, la sexualidad no es algo innato, especialmente porque está repleta de clichés y de representaciones coercitivas. No conocemos nuestro propio cuerpo, no conocemos los cuerpos de nuestras parejas. Esto tiene que cambiar. La revolución sexual ya está aquí, en las redes sociales, en cuentas de Instagram como *Jouissance Club*, porque es el lugar donde las voces diferentes pueden expresarse sin control. Informan a millones de mujeres y hombres que viven bajo el yugo de una no-educación sexual, o de una mala educación sexual, en la cual los roles son rígidos y la libertad brilla por su ausencia. Y el placer es algo raro.

Necesitamos voces que no vengan más de las instituciones y de los profesionales, sino de todo tipo de gente común. De aquellas y aquellos que exploran y proponen ideas y soluciones, de aquellas y aquellos que inventan e imaginan una sexualidad igualitaria, feminista y revolucionaria.

Martin Page
Autor de *Au-delà de la pénétration* (Más allá de la penetración), ediciones Monstrograph, 2019.

Bienvenid@ al club

Muchísimas gracias, amiga, amigo, por haber comprado este libro. El hecho de que lo sostengas entre tus manos prueba que eres una persona de bien: mereces una sexualidad plena y un gran beso.

Me llamo Jüne (se pronuncia a la francesa, eh, y no «June», ¡ojo!). Me apasiona el dibujo desde mi más tierna edad y (lo que me viene de perlas) he conseguido convertirlo en mi profesión, porque hoy en día trabajo como diseñadora de personajes para videojuegos. Crecí al aire libre en las colinas de la Provenza, cerca de Marsella, la ciudad más bonita del mundo (pero también una de las más sexistas).

Tardé bastante en comprender que «feminismo» no es una palabrota y que una mujer merece la misma consideración que un hombre. A fuerza de lavados de cerebro, de «las mujeres no saben conducir», de «corres como una chica», de «no es casualidad que todos los genios sean hombres», de «ayuda a tu madre a recoger» y de otras joyas misóginas, me encontraba realmente convencida de que éramos inferiores en todos los planos. Peor aún: incluso he participado, inconscientemente, a que progrese esta visión de las cosas, fustigando a las feministas... Porque la idea misma de ser «feminista» se me antojaba inconcebible. No quería que me tacharan de «histérica», ¿sabes? Sin embargo, y aunque esto me irrite a veces un montón, estoy convencida de que los hombres que se han cruzado en mi camino también han sido víctimas del patriarcado.

Sí, hay que dar un paso al frente, hay que gritar, cabrearse y quemar todas esas ideas recibidas y tenaces. Hoy por hoy, respeto el combate de las que se atreven a gritar alto y fuerte lo que la gente no tiene ganas de escuchar, admiro su coraje y su fuerza. Me gusta imaginarnos como a un gran equipo, cada una con nuestros propios métodos para llegar a nuestros fines. En ese equipo, me veo más bien como árbitra o moderadora que como atacante, es verdad... Porque creo que, a veces, la dulzura y la benevolencia, cuando se asocian a una revuelta, pueden hacer cambiar de opinión incluso al peor de los perdedores. Así que sí: soy feminista, de un tipo de feminismo que tiene fe en el ser humano, en su bondad, en su inteligencia colectiva. Y siendo muy franca, no sé cómo podemos seguir si no unimos nuestras fuerzas. Así que mi feminismo no es únicamente un combate de mujer para las mujeres, ha evolucionado con el tiempo hacia eso que algunos dirían que la expresión correcta sería «humanista»... Pero yo mantengo que ser feminista es luchar contra toda forma de discriminación. No lucho sólo para las mujeres cisgénero (sí, a lo mejor no lo sabes, pero si has nacido con vulva y validas el género femenino que se te asignó al nacer, es que eres cis). No quiero jerarquizar los combates. Todas las luchas son importantes. Decir lo contrario equivaldría a afirmar que cierta categoría de personas (las minorías, en este caso) es para siempre inferior. Puaj. Valemos más que eso. Ne niego a formar parte de esas personas que invisibilizan a las minorías con el cuento de «su lucha aún puede esperar un poco más» o «no es la prioridad», porque «hay cosas más urgentes», etc.

Así que bueno, a veces me equivoco, cometo errores, pero aprendo poco a poco a priorizar siempre a los seres humanos, así de simple... Y no únicamente a cierta categoría de humanos. Después de todo, todas las personas luchamos contra las mismas cosas: las desigualdades.

Mi feminismo, por lo tanto, es inclusivo, en el sentido amplio del término, lo que implica que independientemente de tu género, tu orientación sexual, el estado de tu cuenta bancaria, tu nacionalidad o tu número de la seguridad social, mereces ese derecho fundamental que es el respeto.

Ah, y por cierto, respecto al género, te darás cuenta según leas el libro que suelo llamar a mis personajes con motes graciosetes. Menganite, Cachivache y Ente-Cosa voluntariamente están desprovistos de género porque, aunque el mundo se constituya de manera súper binaria y nuestras creencias quieran que un hombre tenga un pene y una mujer una vulva, existen también personas intersex, personas trans, personas no binarias, de género fluido, personas agénero, personas que se reconocen en varias de estas categorías, etc. Así que es un lío, y nos saca de nuestras estancadas costumbres... Las identidades trans son muy poco visibles porque se trata de una minoría, pero eso no quiere decir que estas personas no existan. Y yo quiero que aquí todo el mundo se sienta a gusto y se divierta. Así que, en este libro, Menganite tiene un pene, Cachivache una vulva y Ente-Cosa puede quizás tener ambos. Capici?

Paralelamente al feminismo, tengo una segunda pasión que es el sexo. Sí. También me ha costado un montón de tiempo poder decirlo sin vergüenza, porque, como ya sabrás, una mujer a la que le gusta el sexo es un caos, una fulana, y seguro que tiene una ITS. Y encima es falso, jamás he contraído sífilis, aunque eso no quiera decir que no pueda contraerla algún día. Pero bueno, ¡dejo ya mis ITS! No creo que te apasione el tema. Si has aguantado hasta aquí, quiere decir que ya habrás comprendido en qué tono está escrito el libro.

BIENVENID@ AL CLUB

ESO DE LO QUE HABLAMOS

No digas que no te aviso: en *Clímax Club*, se trata de desinhibirnos, de ser capaces de reírnos de nuestras cosas con bondad, así que eso no lo olvides según recorras sus páginas. En este libro, encontrarás más o menos un poquito de todo lo que hay que saber sobre el sexo sin pararse en la casilla «penetración». Ya sabrás perfectamente cómo funciona eso, así que no hace falta que te haga un dibujo del temita en cuestión. No, he hecho un montón de dibujos mucho más interesantes. Me he puesto manos a la obra para que no te arrepientas de tu inversión. He trabajado duro para que puedas explorar tu sexualidad y la de tu(s) pareja(s) de múltiples maneras. Aunque consideres que ya tienes un montón de experiencia, espero hacerte descubrir nuevos métodos para dar placer a las personas que deseen acostarse contigo. Me he pasado chingando día y noche para encontrar las mejores técnicas de cómo hacer dedos, mejorar el chupeteo, y un montón de cosas más... Vamos, que he ido al grano y casi me quedo sin chichi en esta aventura, así que apreciaría de verdad si dejaras una súper *review* de mi libro en internet. La idea es que vayas a tu ritmo y que varíes los placeres en soledad, en pareja o con varias personas; poco importa el género con que te definas, tu orientación sexual o el color de tu piel. Que seas virgen, sátiro (esto sirve para usarlo en el Scrabble, se trata de una palabra que define la adicción sexual en los hombres) o ninfómana, o te encuentres entre medias. ¡En fin! Ya lo habrás entendido, este libro es para TODO EL MUNDO. Salvo para quienes no gusten del folleteo...

Me apetece que la sexualidad se aborde de un modo abierto y claro para que cada persona pueda acceder a toda la información que necesite para perfeccionar su creatividad y sobre todo para deshacerse de toda presión o mandato social que se nos repite desde hace demasiado tiempo. El sexo no debería ser una fuente de estrés, y en el club creemos firmemente que es la única cosa junto a la comida, los paseítos por el bosque, y Brandy & Monica, que merece de verdad la pena vivir. El sexo no es sino amor, ya sea con una relación esporádica o más duradera. No es sino compartir, así como una fuente de bienestar. Es que hasta a tus padres les gusta eso, que ya es... El sexo es la vida, y es casi todo el tiempo gratuito.

Lo que voy a proponerte en esta obra es ni más ni menos que una breve lección de anatomía acompañada de una cartografía de múltiples zonas del placer de ambos sexos y un inventario de los movimientos que han sabido provocar reacciones de placer, orgásmicas o gozosas, catalogadas a lo largo de los años sobre personas mayores de edad y que han consentido. El único animal que ha sido maltratado es mi pobre conejo. Todos los métodos no consiguen la unanimidad ya que las personas somos todas diferentes y nunca está de más recordar que, en la exploración de la sexualidad, la comunicación dentro de la pareja es primordial. Si un movimiento funciona bien para una persona, no tiene por qué funcionar bien para otra. Es por esto que resulta importante hablar, escuchar y ponerse en entredicho con frecuencia. ¡Ya te he avisado!

BUENO, JÜNE, PERO... ¿POR QUÉ ESTE LIBRO?

Más allá del hecho de que me encanta hablar conmigo misma, siempre he tenido la triste impresión de que pasaba rozando por mi sexualidad. Que me faltaba algo para estar completamente satisfecha. Esta constatación no es únicamente mía y, aparte del hecho de que me sentí arropada por saber que éramos un buen puñado en sentirnos así, por mucho que reflexionaba al respecto, no conseguía poner el dedo en el problema (sí, vaya juego de palabras más cutre).

BIENVENID@ AL CLUB

Por mucho que mirara pelis porno y que me sintiera cómoda con el sexo, no paraba de reproducir incansablemente los mismos errores. Me dolía la penetración, y sobre todo el guion era siempre el mismo, ya fuera con un amante o con otro. Nunca variaba lo más mínimo: empezábamos con un cunnilingus o una felación donde normalmente el único objetivo era la lubricación y la preparación del terreno para el muy esperado coito, y ¡pumba!, colisión de los genitales y ¡paf!, eyaculación (a veces facial aunque no siempre) y ea, a otra cosa. Nos quedábamos sólo con eso y estaba bien en cierto sentido, pero siempre con ese regusto de «déjà-vu».

Que quede claro, no se trata únicamente de tener o no un orgasmo. El orgasmo no es más que la parte visible de ese bonito iceberg que es el sexo... No, lo que me tocaba las narices es que todo eso carecía cruelmente de fantasía. Repetimos incesantemente la misma escena una y otra vez, da igual la persona. Imagínate comer todos los días el mismo plato. Lunes, patatas, martes, patatas, miércoles... Admite que sería tremendamente triste. ¿Por qué nos autoimponemos tanta monotonía en el sexo? Cambiamos de ropa según la moda, no dudamos en ser personas creativas en la cocina, cambiamos incluso de pareja más a menudo que antes, nos gusta la novedad, consumimos toda la novedad que podemos. Pero respecto al sexo... *niente*.

Un hermoso día en el que estaba reflexionando mientras hacía una mamada y miraba hacia el horizonte, comprendí que no era casualidad si hacíamos el amor siempre de idéntica manera. ¿Cómo iba a ser de otro modo, si nadie nos ha explicado cómo hacerlo? Nadie nos propone nuevos «trucos y astucias» en el folleteo. La única documentación que podemos conseguir de manera gratuita son las pelis porno *mainstream*, que también carecen de imaginación. En fin, tampoco es del todo cierto, puesto que los guiones son muy variados: entre la historia del fontanero que viene a arreglar la fuga de la señora, la hermanastra viciosa, el viejo perverso, la *milf* y el joven virgen, los pulpos del espacio y muchos más, podemos elegir. Pero se trata de una puesta en escena, de un simple cambio de decoración. Después, ¡qué cruel falta de imaginación cuando se trata del momento más importante de la película: el sexo! Qué tristeza y qué pobreza en las escenas... Es muy simple: preliminares, coito, eyaculación. Otra vez: preliminares, coito, eyaculación. ¡Que les den!

Si ya hemos visto porno, con lo que nos quedamos es con que los penes lo dominan todo, los penes penetran, y las vulvas acogen y parecen más bien satisfechas a juzgar por los gritos de placer. Y nosotros, pobres locos, lo imitamos, porque es mucho más fácil no pensar demasiado. Y nunca ponemos nada de esto en duda. ¿Pero qué pasaría si invirtiéramos los roles y que las personas heteros dotadas de pene se dejaran penetrar? ¿Por qué el hecho de que te penetren de repente se convertiría en un problema si tienes pene? ¿Por qué imaginamos que esta posición es de estar sometido, dominado? Me niego a creer que ser gay o tener coño sean sinónimos de sumisión.

Las pelis del cine son igualmente culpables de la imagen que tenemos de la penetración. Hemos visto un número incalculable de veces a la típica pareja cisgénero hetero copulando y llegando sistemáticamente a la vez al orgasmo gracias a la penetración. ¿Cuánt@s de nosotr@s se han sentido anormales al ver estas imágenes? El orgasmo por penetración se ha convertido en el santo grial, o peor, en la norma. Y, en tanto que norma, le hace mucho daño a quienes no entran en el molde. ¡Y sabe Dios que somos un montón!

¡Cuánto daño nos hacemos queriendo ser «normales»! Sin quererlo, nos creamos problemas de erección, dolores en la penetración, nos ponemos límites, tenemos la sensación de nunca conseguir que Cachivache llegue al orgasmo con nuestra polla, a menos que Cachivache esté fingiendo...

Bueno, pongamos nuestros relojes en hora e intentemos hacer del sexo algo más rico, más equitativo. Un momento totalmente particular y diferente cada vez.

Porque sí, es genial, el coito. No pongo para nada en duda el placer que produce, más allá de en cuanto a su repetición y del hecho de que esté en el centro de la sexualidad. Inevitable.

La penetración es algo tan central que hemos tenido que inventar la palabra «preliminares».

BIENVENID@ AL CLUB

Lo que no entiendo en ese término es que los preliminares no se vean como sexo. A veces escucho cosas tipo «pues mi novia y yo hacemos un montón de preliminares, pero luego, cuando hacemos el amor, le duele, ¿qué podemos hacer?».
Empezad por no seguir usando esa palabra tan fea.
Lo que comúnmente llamamos «preliminares» son en realidad un acto sexual de pleno derecho. Si no, ¿querría eso decir que las relaciones lésbicas no son más que preliminares? Por favor, no...
Puedes hacer el amor con tus manos, tu lengua, unas cuerdas, unos accesorios, tus pies, y tu cabeza, por supuesto. Y además existen caricias que forman parte integrante del acto del amor, pero que ventilamos con mucha frecuencia porque pensamos que nuestros genitales son el centro del placer. Pero el cuerpo entero es una zona erógena y algunas personas incluso pueden llegar al orgasmo sin que se les toque el felpudo. A cada cual su truco, a cada cual su zona. ¡Hay tantas cosas que explorar más allá de la zona genital!
Preliminares es un ramo de flores, es flirtear, es mandar fotos insinuantes al móvil, es jugar a los médicos... ¡Bueno, qué pasa! ¡Os prohíbo que me juzguéis!
¿No te gustaría tener mejores amantes? Si Ente-Cosa no se apaña, es probablemente porque nadie le ha enseñado a tocarte. Sólo tú sabes qué te gusta. ¡Tendrás que enseñarle! ¿No estás hasta las narices de la falta de originalidad y de la pasividad de Cachivache? Esta pasividad no es anodina: nos dejamos hacer porque no tenemos ninguna idea de cómo podría mejorar, porque no conocemos nuestro cuerpo y tenemos miedo de aburrir con nuestro placer, de tener mucho morro, de ser una persona maleducada, o aguafiestas... Y tenemos miedo de aburrir porque es difícil llegar al orgasmo a la vez, y suele tardar mucho tiempo...
Pero por Dios, empecemos a sacarnos de la sesera que hay que eyacular, orgasmear o penetrar, simplemente porque estas tres acciones marcan el final de la relación sexual. ¿De verdad tenemos ganas de precipitar este momento? No, es imposible, es demasiado bueno cuando está bien hecho.

Y pienso que si vamos tan deprisa es quizás porque no esté tan bien hecho como creemos... Umm... Perdón, pensaba en voz alta.

Démonos tiempo para conseguir placer con los dedos, la boca, los ojos, las caricias. ¡Amémonos y respetémonos, leñe! Todo tenemos que hacerlo rápido. «¡Rápido, tengo que comerme mis macarrones!», «¡rápido, tengo que ir al curro!», «¡rápido, tengo que gozar!», «¡rápido, este artículo es demasiado largo, me voy a limitar a leer el título!», «¡rápido, rápido, rápido!».

¡STOOOOOP! Respira.

Volvamos a lo nuestro, hablábamos de la creatividad. Salgamos de nuestras zonas de confort e imaginemos por un momento a qué podría parecerse el sexo si la penetración fuera sólo una opción más de entre muchas otras.

Es difícil, ¿eh? Es normal, eres normal. Salir de este patrón implica un montón de puestas en entredicho y de imaginación. Para cocinar, por ejemplo, tenemos libros, blogs, que nos dan ideas: «anda, ¿y si le añado surimi al pastel de chocolate? Que lo he visto en una receta de mi bloguera preferida...». Es en este momento cuando me digo a mí misma que este libro quizás sea el libro de recetas del folleteo que faltaba y que lo de mezclar surimi y chocolate probablemente sea una idea espantosa.

Empieza por probar una nueva técnica o una nueva fantasía cada vez que hagas el amor. Imagina que podemos añadir un ingrediente. Un único ingrediente pequeñito, y la receta tendrá otro sabor totalmente distinto. No hace falta ponerlo todo en entredicho, sería demasiado complicado –y no queremos que el sexo sea un quebradero de cabeza, ¿verdad?

Es por todas estas razones por las que he querido escribir este libro. Para hacer que nuestra creatividad trabaje, salir de nuestra zona de confort y descubrir una sexualidad más rica y satisfactoria, ya tengamos una vulva, un dicklit, un pene u otra cosa (¿?).

BIENVENID@ AL CLUB

LOS PILARES DE UNA SEXUALIDAD PLENA

En el sexo, podríamos creer que no hay ninguna regla, que no se trata más que de percepciones, de dejarse ir, de puesta en situación y de alquimia de los cuerpos. Pero intentemos ir más lejos. En cuanto a las reglas, hace falta que existan para que el sexo sea un espacio seguro y atractivo para todo el mundo. Existen reglas simples en la sociedad por las que, cuando interactuamos con alguien, debemos actuar con educación, decir buenos días, gracias, hasta luego… En el sexo, las únicas reglas que conocía hace tiempo eran «depílate antes» o «aguanta una buena erección». Como diría Cyrano: «¡Ah, no! ¡Eso es muy poco, joven!», así que intentemos ir más allá de estas banalidades.

He aquí las siete bases simples e ineludibles que todo el mundo debería comprender y aplicar.

EL CONSENTIMIENTO

Parecería que la noción de consentimiento no es la misma para todo el mundo... Seguro que eres alguien con suficiente respeto e inteligencia para comprender que hay ciertos límites que no debes sobrepasar y que deberían siempre hablarse anticipadamente con tu pareja. Sin embargo, me veo obligada a hablar un poco sobre esto para aquellas personas que aún no han sido sensibilizadas a este respecto.

Cuando una persona dice «no», a veces tendemos a insistir y a intentar convencerla. Y esto es muy grave ya que, tanto en el sexo como en la vida, NO es NO. Déjale tiempo a tu pareja para que vaya a su ritmo. Hasta aquí, es un principio bastante básico que todo el mundo debería comprender y por supuesto respetar.

Pero la historia se complica: algunas personas no llegan a decir ese «no», por miedo a decepcionar, por culpabilidad al no tener ganas, o por otros motivos ligados a su pasado, etc. En estas personas, el «no» se manifestará con frecuencia mediante un lenguaje corporal que podríamos clasificar como «poco habitual»: un movimiento de echarse hacia atrás, una mano que empuja (aunque sea suavemente), un beso distinto, un rostro cerrado, unas manos quietas que no acarician, el cuerpo inerte, etc.

A veces sucede que, en una pareja instaurada, en consentimiento (que parecería algo evidente) no siempre se respeta. El lenguaje corporal es, también aquí, muy importante, ya que algunas personas aluden a lo que piensan que es su deber conyugal (¡menudo término feo!) y se entregan a su pareja sin tener realmente ganas. Por ejemplo, Ente-Cosa no se atreve a negarse a su pareja ni a decirle que «NO». Si tu pareja no parece que tenga muchas ganas o no se muestra con suficiente entusiasmo ni reacciona bien a tus avances, entonces quizás convendría parar todo contacto físico para entablar un diálogo. Todavía hoy muchas personas se fuerzan a mantener relaciones sexuales con su cónyuge. Déjame tranquilizarte asegurándote que aunque ya no haya deseo no quiere decir que no haya amor. Y es que el deseo va y viene, y a veces hasta desaparece definitivamente, porque las relaciones que al principio son muy apasionadas no pueden durar eternamente. Hay que saber hacer un duelo de este período para iniciar, por qué no, una nueva manera de amarse o de hacer el amor.

LA COMUNICACIÓN

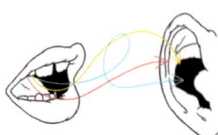

Es la base de una vida sexual y amorosa plenas. Y sí, los consejos de este libro no valen absolutamente nada si descuidas esta primera regla. Es fácil de decir, pero no debes tener ni miedo ni vergüenza a decir las cosas, ya sean positivas o negativas. Desde el momento en que algo te molesta, no temas verbalizarlo, porque cuando dejamos que la otra persona continúe, con el tiempo, terminamos por aguantar la repetición de lo que no nos gusta y acaba siendo cada vez más difícil hablar de ello. Los bloqueos nacen con el silencio y el futuro de tu vida sexual depende de esto. Los consejos que te propongo no podrán funcionar si no te comunicas con Ente-Cosa. Todo el mundo tiene que dar un *feedback* de sus sensaciones y así apreciar plenamente el momento. Sí, hay que decir la verdad, dar un *feedback*, hablar con tu pareja, incluso sobre las cosas en las que la caga y que no te gustan nada… Es mejor asumir el riesgo de quizás ofender un poco en un primer momento que llegar a hacerle daño a Ente-Cosa, que estaba intentando aplicarse y actuar de manera voluntariosa… Aunque parezca cómodo para evitar discusiones «molestas» e incluso si es algo que se practica por motivos benevolentes, créeme, fingir es uno de los peores enemigos a largo plazo…

Toma en consideración los esfuerzos de tu pareja y ofrécele tu guía cuando no lo esté haciendo bien. Un simple «mejor hazlo de esta manera», «prefiero aquí», «déjame que te muestre», serán de una gran eficacia porque, una vez superada la vergüenza de haberla cagado en un movimiento, tu pareja lo hará cada vez mejor.

Habla de tus fantasías sexuales con un/a compañero/a de confianza. No tengas miedo de contarle tus apetencias más locas —¡todo el mundo las tiene!—. El sexo es una ventana maravillosa para abandonarte y convertirte en otra persona, sólo por un instante. Todas las fantasías sexuales están permitidas mientras los/las compañeros/as pidan consentimiento y actúen respetuosamente. Hablar de tus fantasías sexuales –incluso de las más incómodas– puede ser un punto de inflexión para ti, para tu pareja, para tu compañero/a… Por ejemplo, yo no sabía que me encantaba hacer el amor delante de una foto de Kim Jong-un, antes de que uno de mis amantes me confesara que adoraba eso (QUE NO, ES QUE BROMA) (no, me encanta…) (no, es broma) (…).

LA CREATIVIDAD

Hay que saber currárselo para que el sexo sea una experiencia placentera para todo el mundo y durable a largo plazo. Al inicio de una relación e incluso al principio de nuestra vida sexual, en la adolescencia, no hace falta realmente mucho esfuerzo, porque el mero hecho de descubrir la sexualidad o un nuevo cuerpo ya es terriblemente excitante. Nos descubrimos y cualquier cosa nos produce escalofríos, ¡aquí no hace falta devanarse los sesos!

Después de más o menos seis meses de relación, la pasión se calma un poco, pero el deseo perdura. Es en ese momento cuando la creatividad en tu pareja puede darle un giro a vuestra sexualidad.

Hablaba antes de la redundancia del guion «cunnilingus/mamada, coito, eyaculación», y no quiero encima añadirle ninguna orden de más, tampoco existe una obligación de cambiarlo todo. Si este guion le va bien a tu pareja, no hay ninguna razón para modificarlo radicalmente. No, ¡ninguna presión, por supuesto! En cambio, en el sexo, así como en la vida en general, tenemos que hacer esfuerzos para no acabar aburriéndonos. Con frecuencia lo comparo con la comida: es muy probable que si te pones a comer tu plato preferido todos los días durante seis meses te arriesgues a acabar aborreciéndolo. ¿Entiendes lo que quiero decir?

Y he aquí un jueguecito que podría gustarte y a la vez prolongar el deseo en tu pareja. Propón a tu pareja probar una nueva técnica, una nueva fantasía sexual, un agujero nuevo o caricias nuevas en cada encuentro. Tampoco quiero decir que haya que replanteárselo todo, simplemente échale el pequeño toque de especias que antes no habías pensado añadirle al plato…

LAS CARICIAS

Para que alguien comprenda que tenemos ganas de él/ella, con frecuencia nos dirigimos de manera sistemática hacia sus partes genitales, sus glúteos o sus senos, ya que resultan magníficas zonas erógenas. Pero es un poco limitado, ¿no? Si ya sabemos que el cuerpo entero es erógeno, es muy triste limitarse sólo por la prisa de ir directamente al grano. El deseo, por desgracia, no puede nacer chasqueando los dedos, hay que provocarlo y crear frustración, ya que de ahí nacen las ganas. De hecho, no podemos estar siempre a la par en cuanto al deseo. Algunas personas necesitan más tiempo que otras, así que más caricias y besos... Podemos acariciar, rasguñar, rascar, palpar, hacer cosquillas, agarrar, presionar, frotar... Las zonas erógenas son propias de cada cual, y sería demasiado largo enumerarlas todas, pero no conozco ni un solo trozo de piel que no sea sensible a las caricias.

En mi opinión, es aquí donde empieza la relación sexual, en este momento repleto de dulzura, de escalofríos y de deseo.

LA ENTREGA

Estoy convencida de que la mayoría de la gente lo que busca en el sexo es ver cómo la otra persona se pierde, es decir, ver cómo experimenta placer. No hay nada peor que una pareja que parezca aburrirse en la cama. Claro, también hay aquí una parte de egoísmo en el acto sexual, pero igualmente necesito sentir la seguridad de que la otra persona está experimentando tanto placer como yo. Es ciertamente por eso que nos resulta más reconfortante si escuchamos a la otra persona gemir o respirar fuertemente. ¡Qué alegría dar placer y ver que lo hacemos bien! Es quizás por eso por lo que la penetración es una práctica tan corriente: es maravillosa porque ambas personas implicadas experimentarán placer a la vez. Es fácil, es tan fácil que resulta tentador no salirnos de esa costumbre para ver si el/la otro/a prefiere otra cosa y si hay que seguir. Es muy desestabilizador e inquietante. Sin embargo, es así como nos sentiremos vivos. Saber salir de nuestra zona de confort y arriesgarnos son las cualidades principales de un/a buen/a amante (e incluso de una persona realizada en general, si me permites decirlo). Incluso me atrevería a afirmar que esta práctica es excelente para las personas con problemas de erección, de eyaculación precoz o tardía... No sólo esto permitiría que tu erección regrese tranquilamente, sino que encima Ente-Cosa estará más que satisfecho/a de verte cómo te produce placer dárselo a él/ella. Sin olvidarnos de las personas que experimentan dolor en la penetración...

EL RESPETO MUTUO

Que respetes es fundamental si quieres que te respeten a ti también. Es imprescindible aplicar el respeto, sobre todo cuando la sexualidad entra en juego. Tienes frente a ti a una persona que te está cediendo su intimidad, su carne, y aunque no estés enamorado/a, tienes que respetar su cuerpo y sus sentimientos. Sé que si ya has dado el paso de comprar este libro es porque eres una persona de bien, así que no voy a insistir más en este punto puesto que es algo evidente.

LA ESCUCHA Y LA OBSERVACIÓN

¿Quién no se ha sentido alguna vez idiota después de una sugerencia de su pareja? Si te habla de lo que desea, ya es algo tremendo, quiere decir que confía en ti y que tiene ganas de ir más lejos en la exploración de vuestros cuerpos. Así que empaqueta tu ego y considéralo como una oportunidad de convertirte en el/la mejor amante de su vida. El cuerpo de tu pareja te envía señales. Pueden ser muy sutiles, pero si quieres ser un/a buen/a amante, no olvides nunca tener en cuenta su lenguaje corporal.

No tengo realmente ningún consejito que darte sobre esto, no todas las personas reaccionan del mismo modo, pero las expresiones del rostro pueden darte muchas pistas. Incluso si, durante el sexo, el rostro parece crisparse, hay ciertas expresiones que no engañan. Si tienes cualquier sospecha, no dudes en preguntar a tu pareja.

También el cuerpo habla. Por ejemplo, durante un cunnilingus o una felación, si su pelvis sube, quizás es porque Ente-Cosa quiere que bajes un poco tu lengua hacia su vestíbulo vulvar o hacia sus huevos, y está intentando guiarte. Si sus muslos se cierran sobre tu cabeza, quizás tenga ganas de que sigas con lo que estás haciendo, quizás quiere que vayas un poco más despacio. Si su pelvis va hacia abajo, esto es, si se arquea, quizás quiera que subas hacia su glande. Y si te empuja... bah... para. Mira también sus manos, pueden decir también un montón de cosas.

Ya estás preparado/a para leer todo lo que sigue.

Disfruta de la lectura, disfruta de la exploración y no olvides divertirte. Es un juego.

Jüne

Saluda a tu sexo

Con la amable participación de Odile Fillod y de otras personas expertas que saben de qué hablan en teoría.

En este capítulo, abordaremos las bases de anatomía, salud, mecánica, en fin, de casi todo lo que hay que saber sobre nuestros genitales y que en el colegio podrían habernos enseñado entre dos clases de ciencias naturales y de física-química.
Hemos intentado tratarlo con la mayor precisión posible, apoyándonos en los últimos estudios realizados, pero también tomando en consideración las dudas e hipótesis sobre los fenómenos y roles que achacamos a ciertos órganos. Porque sí: las dudas existen, y los prejuicios, aún más.

Empecemos utilizando los términos justos y adecuados para una mayor apropiación de nuestros cuerpos. Aquí no verás por ningún sitio el término «verga», no es un término científico y su etimología hace referencia a un tipo de espada o bastón. Elegir las palabras apropiadas es importante en razón de su historia y su significado. Usar la palabra «vagina» para referirnos a la «vulva» es igualmente algo falso y perpetúa no pocas ideas absurdas y sin fundamento sobre las personas propietarias de las vulvas... El problema no está en si la palabra es bonita o no. Bueno, relajémonos, de todas formas, verás igualmente las palabras «polla», «huevos» o «chocho», porque tampoco tenemos que tomarnos todo con una seriedad espantosa ni iniciar quinto año de la carrera de medicina...

También hablaremos de las problemáticas más frecuentes que recibo en mi correo electrónico y para las cuales hemos intentado encontrar soluciones, aunque algunas de las preguntas sigan de momento, por desgracia, sin respuesta. Este trabajo no podría haberlo hecho sola, y una inmensa parte ha podido contestarse gracias a las personas de Instagram. Habéis ofrecido una ayuda más que preciada. Así que enhorabuena, y muchísimas gracias.

No he introducido la cuestión de la orientación sexual intencionadamente ya que, como dije en la introducción, este libro quiere ser inclusivo en el sentido más amplio del término. Sin tener en cuenta que es mucho más puñetero el dibujar rostros y menos divertido que pintar chochos y dedos, el hecho de que los genitales no se asocien a un género en concreto o que sean manipulados por unas manos sin rostro obedece a (aparte de a mi vaguería crónica) una voluntad de incluir a todo el mundo: gays, lesbianas, heteros, bisexuales, pansexuales, etc.

INTERSEXUALIDAD

No debe confundirse con el término «hermafroditismo», que está reservado para los animales. No se trata tampoco de transidentidad, aunque algunas personas trans se identifiquen como intersexuales (y está ok). Las personas intersexuales nacen con características sexuales que no se corresponden con las definiciones típicas de «macho» o «hembra», y representan en torno al 1,7 % de la población, lo que es enorme (¡equivale a la población de toda Rusia!). El aspecto de los genitales de estas personas es diferente en cada una. Así que me resulta entonces totalmente imposible dibujar una muestra por varios motivos. El primero es que, cuando he preguntado a personas intersexuales si podía dibujar un abanico de cómo podrían ser sus genitales, he sentido un malestar instalándose y he tenido la sensación (justificada) de pasar por una mirona. Así que agaché la cabeza y seguí mi camino, avergonzada a posteriori de mi solicitud. El segundo motivo es que hay tantas posibilidades como personas intersexuales, es decir, UN MONTÓN. No resultaría entonces representativo el dibujar una decena porque no hay únicamente diez personas intersexuales en la tierra. Y todo esto para decir que, en mi preocupación por la inclusividad y la visibilización, quería mencionar la intersexualidad, pero que invito a todas las personas que se identifiquen con los capítulos de este libro que más le llamen.

Para profundizar sobre este asunto, puedes visitar la página web de OII EUROPE (*Organisation Intersex International Europe*): https://oiieurope.org/.

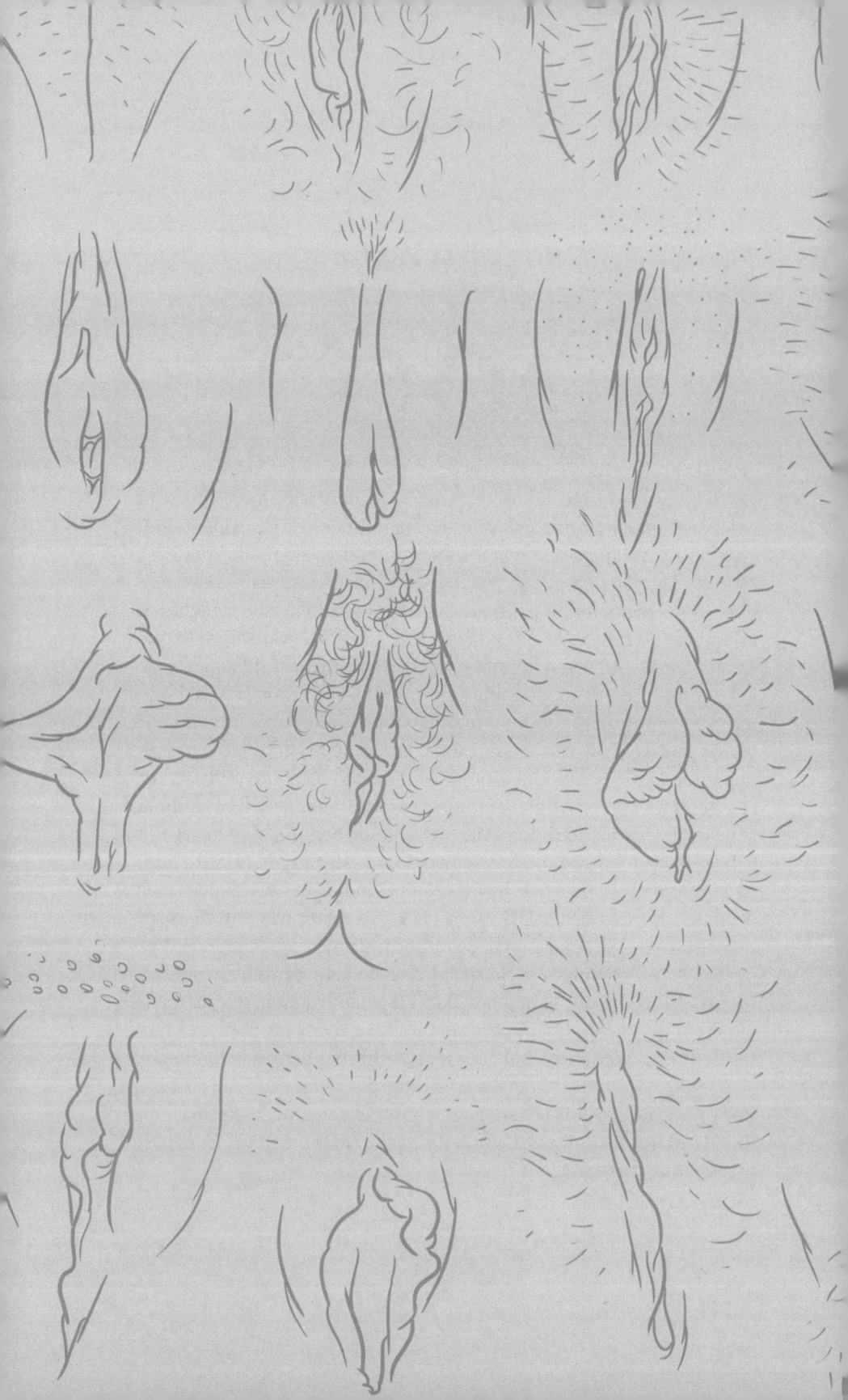

1.
LOS ENTRESIJOS
DE LA VULVA

Ya tengas una vulva, un dicklit,
un chocho, un coño,
un chumino, un chichi, un conejo,
este capítulo habla de ti.

Ya seas mujer, hombre,
intersex, no binarie, etc...

¡Ah! La vulva y su clítoris, los grandes olvidados de los manuales escolares, del arte, de los dibujitos con boli en las mesas del cole... Hablemos de ello, y que la persona propietaria recupere su orgullo. No, una vulva no es una «vagina», ¡por favor! Y no tiene por qué parecerse todo el tiempo a un albaricoque o a los genitales de una niña pequeña. ¿Por qué esta obsesión? ¿Un delirio de pedófilo? Tenemos derecho a depilarnos, pero... ¿hacer de esto un modelo a seguir? ¡De eso nada!

La vulva a veces se desborda, los labios menores pueden ser grandes, tiene un olor particular, puede ser peluda, tener pérdidas, con frecuencia blancas, a veces marrones... Ninguna se parece a otra, pero eso, nuevamente, no podemos saberlo si nunca nos lo han dicho. El clítoris, a su vez, ha sido totalmente olvidado en los libros escolares. Casi todas las personas hemos sabido de su auténtica anatomía hace un año o dos (y estamos en el 2020, te lo recuerdo). Vamos, básicamente nos han ocultado durante siglos cómo es este magnífico órgano enteramente dedicado a nuestro placer. Tiene huevos la cosa, ¿no? No es de extrañar que muchas personas no consigan llegar al orgasmo por sí mismas o en compañía. Toda la aportación de nuestra ciencia se resumía con que el clítoris era definido como un minúsculo botón que, para bastantes personas, no funciona correctamente más que en soledad, en estado de relax. Desde que por fin podemos visualizarlo, las personas con vulva han podido empezar a reapropiarse de sus cuerpos y de su sexualidad, y todo va mucho mejor.

Es muy importante continuar con el combate de la educación para que cada vez más personas nacidas con vulva asuman su sexo y su sexualidad. Que no la lleven más como un fardo de la sumisión o una madriguera pasiva y acogedora. Quizás algún día consigamos ser algo más allá que o mojigatas o guarras. Quizás incluso el mercado de los arneses con dildo explotará mientras existan vulvas deseosas de invertir, a veces, las tendencias. Quizás incluso dejemos de usar la palabra «coñazo» como algo negativo. ¡Qué lectura más coñazo, gente!

Lo que vemos por fuera

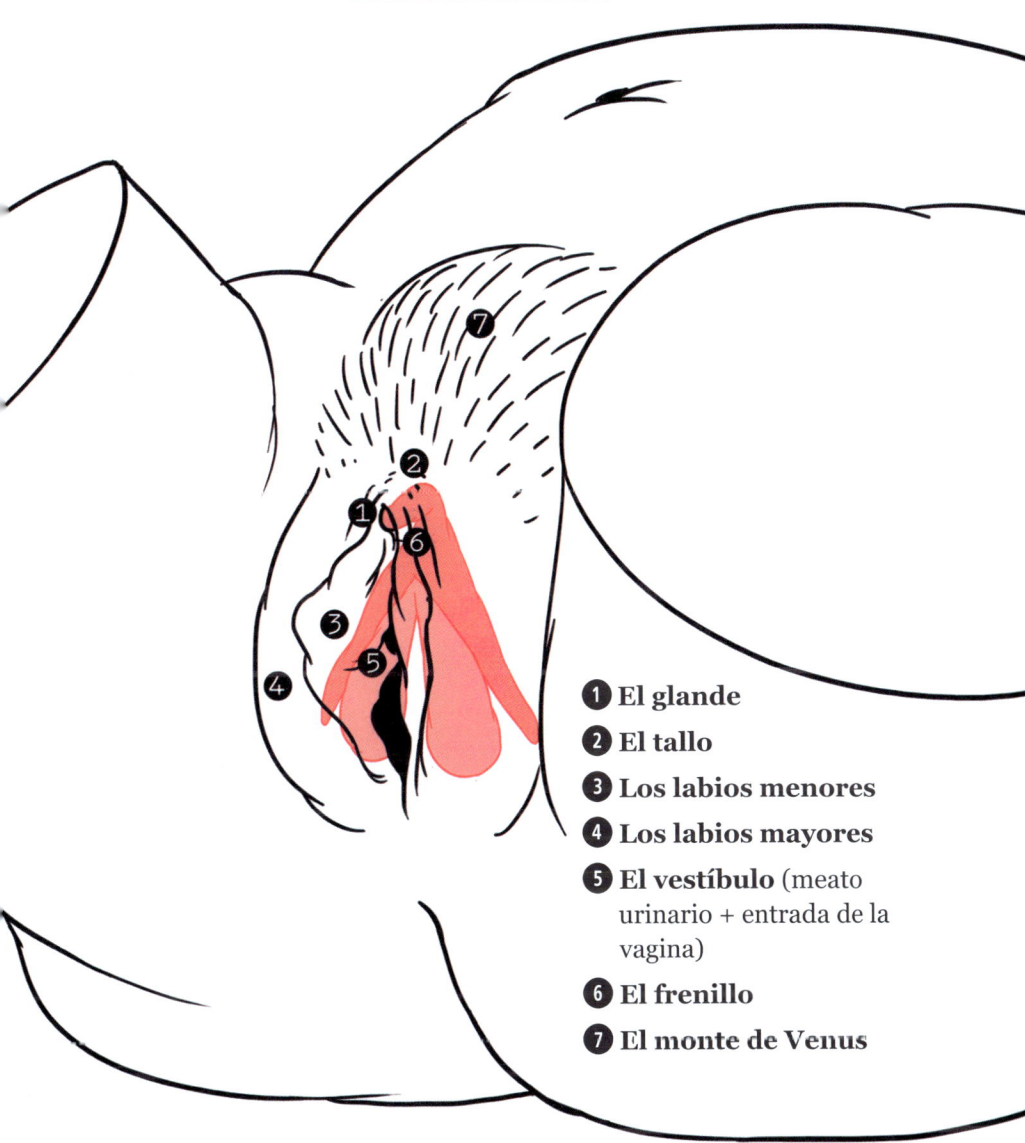

1. El glande
2. El tallo
3. Los labios menores
4. Los labios mayores
5. El vestíbulo (meato urinario + entrada de la vagina)
6. El frenillo
7. El monte de Venus

SALUDA A TU SEXO

Lo que se esconde por dentro

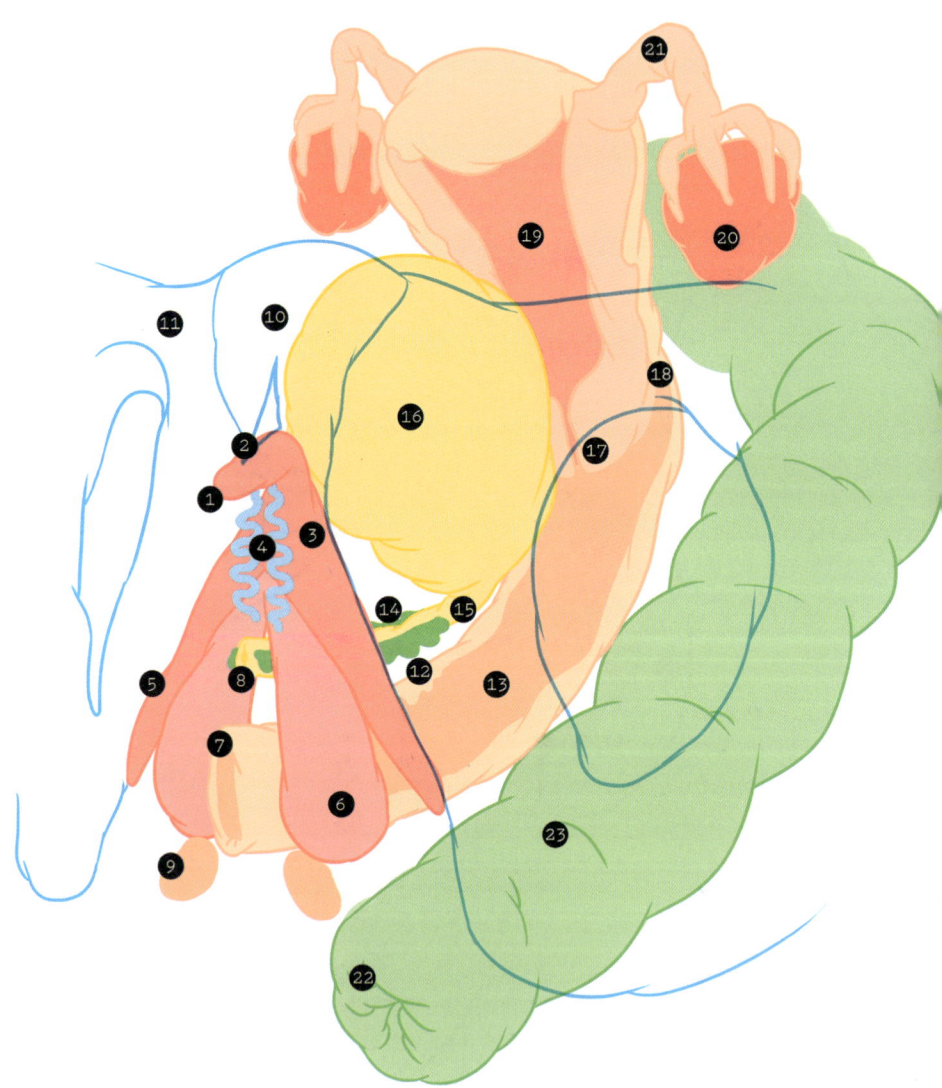

Vista de tres cuartos

❶ El glande
Está protegido en parte por un capuchón de piel. Su tamaño varía y es más o menos visible según la persona.

❷ El tallo
Homólogo del tallo del pene, está formado por cuerpos cavernosos.

❸ El cuerpo del clítoris
Es la parte del clítoris donde ambos cuerpos cavernosos se unen. Comprende la parte alta de los pilares del clítoris, la rodilla del clítoris y su tallo.

❹ El plexo intermedio de Kobelt
Venas que unen los bulbos con el tallo del clítoris. Es gracias a él que la compresión de los bulbos puede estimular el clítoris, ya que empuja de este modo la sangre del clítoris hacia él.

❺ Los pilares del clítoris
Están constituidos de cuerpos cavernosos, al igual que el cuerpo del clítoris.

❻ Los bulbos (llamados del vestíbulo) **o bulbos del clítoris**
Formados de cuerpos esponjosos, están unidos al cuerpo del clítoris mediante una red de venas igualmente unidas a los labios menores. ¡Pues sí, todo está conectado!

❼ La entrada de la vagina
Cabalgada por los dos bulbos del clítoris... ¡Tachán!

❽ El meato urinario
Por aquí salen la orina y las emisiones de efecto fuente *(squirt)*.

❾ Las glándulas vestibulares mayores
(llamadas glándulas de Bartolino)
Segregan un lubricante denominado de manera idealizada «ciprina», que forma parte de la lubricación vaginal. Mira también la vista de perfil, página 38.

❿ La sínfisis púbica
Unión entre los dos huesos del pubis. El trozo de grasa recubierto por piel peluda que la cubre se denomina poéticamente «el monte de Venus».

⑪ El pubis
Los pilares del clítoris vienen a unirse.

⑫ La zona rugosa
Esta zona forma parte integrante de los tejidos de la vagina y mide más o menos lo mismo que dos falanges. No se sabe realmente para qué sirve, pero su ubicación es interesante. Volveremos más adelante a esto...

⑬ La vagina
Esta pillina. Más información en la vista de perfil (página 38).

⑭ Las glándulas parauretrales (llamadas glándulas de Skene)
Ver la vista de perfil, página 38.

⑮ La uretra
Tubito para el pipí y las emisiones de efecto fuente (*squirt*). Las glándulas parauretrales se agarran a la uretra como los mejillones se agarran a las rocas.

⑯ La vejiga
Depósito de pis. Algunos investigadores piensan que de aquí provienen las emisiones de efecto fuente (*squirt*). Pero que no cunda el pánico, este líquido no es orina (bueno, solo lo es en una ínfima parte). Las glándulas parauretrales estarían muy implicadas en este fenómeno. Vale, en realidad aún no se han puesto todos de acuerdo respecto a de dónde proviene este líquido, así que todavía es imposible afirmarlo. Dicho esto, los testimonios de mis seguidoras coinciden: sus emisiones fuente huelen un poco a orina. ¡Piensa lo que quieras!

⑰ El cuello del útero (*cérvix*)
Situado al fondo de la vagina, se reconoce por su forma de cúpula. Aparte de una sonda y de espermatozoides, nada puede entrar por esta puerta. ¡NADA!

⑱ El cul-de-sac vaginal (*fórnix*)
Es el fondo del fondo de la vagina. Se encuentra alrededor de la cúpula formada por el cuello del útero.

EL CUL-DE-SAC DEL ÚTERO EN RETROVERSIÓN

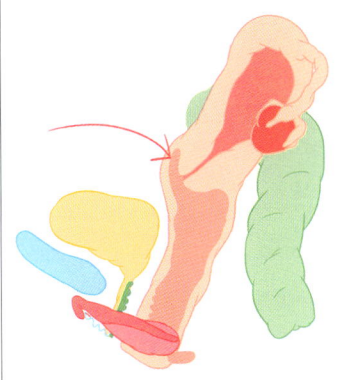

Esta particularidad puede producir grandes dolores durante la penetración así como en los períodos menstruales, según el caso. Se vive de todas formas muy bien con esta condición y no hay ningún motivo por el cual preocuparse. Para saber si tienes retroversión uterina, puedes consultar con tu gine o puedes pedirle a tu pareja que hurgue con cuidado en los trasfondos de tu vagina.

⑲ El útero
Es aquí donde los bebés se desarrollan y donde las menstruaciones se esconden antes de dedicarse a mancharte tus bragas preferidas.

⑳ Los ovarios
La fábrica de huevos certificados bio.

㉑ Las trompas (llamadas de Falopio)
Conozco a una persona que debe de tener granos en la lengua que dice «Trompas de Farlopia».

㉒ El ano
Florecilla olorosa. Rodeada por un esfínter, que hay que manipular con delicadeza.

㉓ El recto
Caca y sodomía.

Vista de perfil

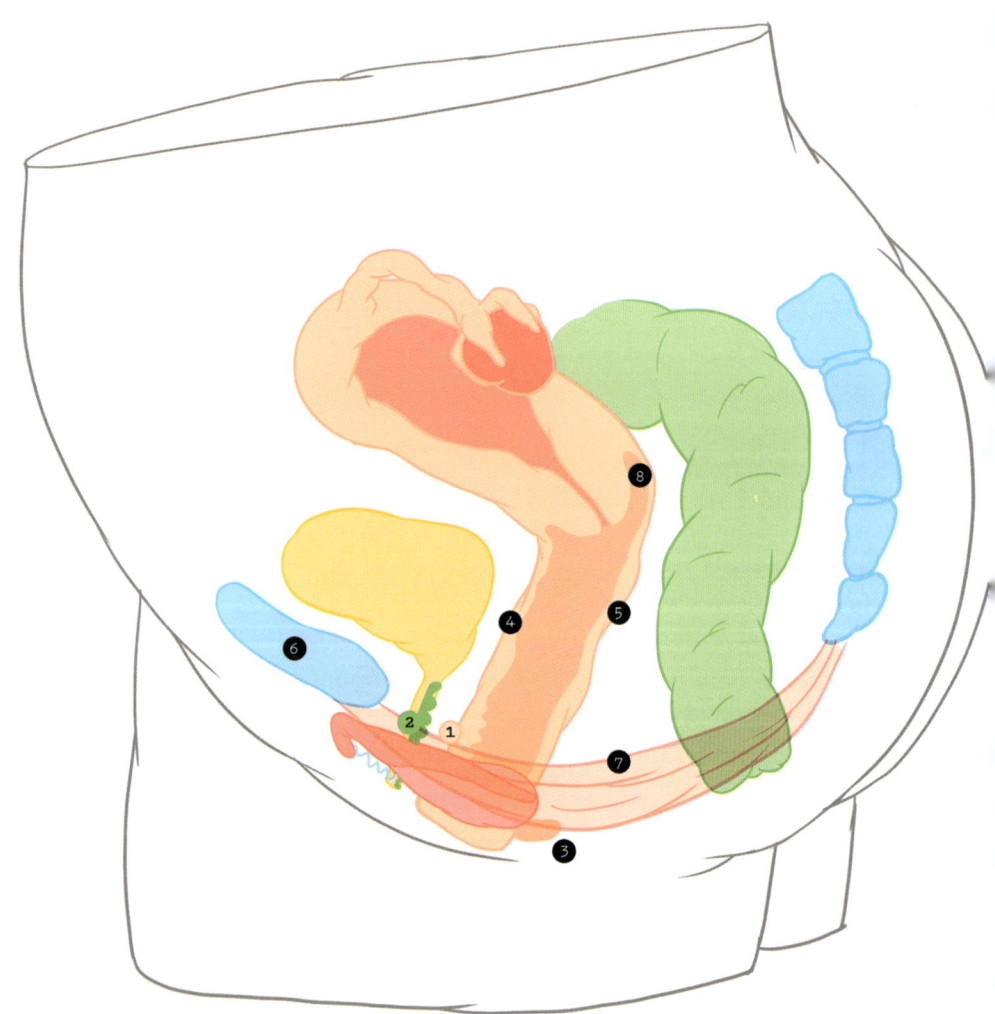

❶ La zona rugosa

Es la zona del «punto G», (mal)llamada así en honor a su supuesto descubridor, Ernst Gräfenberg. Todo lo que podemos decir es que lo que comúnmente denominamos «punto G» se corresponde con una zona de la pared anterior de la vagina que no es particularmente sensible pero que resulta fácilmente reconocible gracias a su textura rugosa. Lo que es interesante aquí es que se encuentra a la misma distancia de la confluencia de los bulbos, de la base del cuerpo del clítoris y de las glándulas parauretrales. Básicamente, y para simplificarlo, la zona G no sería por lo tanto un «punto» en la vagina, sino más bien la confluencia de los pilares del clítoris. Esto puede servir para brillar en sociedad.

❷ **Las glándulas parauretrales**
(llamadas glándulas de Skene)
Son las homólogas de la próstata. Segregan el líquido eyaculatorio, totalmente inodoro e incoloro, y muchas veces incluso imperceptible porque se mezcla con el flujo vaginal. También serían en parte responsables de las emisiones de efecto fuente, ya que su líquido quizás subiría hacia la vejiga para mezclarse con lo que pensamos que es orina muy diluida (volveremos a esto, ver página 46). Podemos constatar que se encuentran entre la zona rugosa y la confluencia de los pilares del clítoris. ¿Coincidencia? ¡Pues a lo mejor no! No se conoce muy bien su papel en cuanto al placer pero, si la próstata en quienes tienen pene es una zona de placer, entonces... ¿por qué no también estas?

❸ **Las glándulas vestibulares mayores**
(llamadas glándulas de Bartolino)
Segregan un líquido lubricante que conocemos con el nombre mágico de «ciprina».

❹ **La pared anterior de la vagina**
Es la vecina más próxima de la vejiga.

❺ **La pared posterior de la vagina**
Esta zona es muy amiga del recto. Volveremos a esto.

❻ **La sínfisis púbica**
O el «monte de venus», para los y las poetas.

❼ **El suelo pélvico**
Hamaca de los músculos, sostiene todo tu cotarro. Puedes contraerlo haciendo ejercicios de respiración para darte placer en los lugares públicos sin que nadie se dé cuenta.

❽ **El cul-de-sac vaginal**
No hay salida.

CLÍMAX CLUB

TU CONEJO, ESE *BOYS CLUB*

Skene, Bartolino, Gräfenberg, Falopio, Kobelt y compañía son los supuestos investigadores que descubrieron todas estas zonas y todos estos órganos que ahora mismo conoces tan bien ya que has leído con muchísima atención este capítulo. Durante mucho tiempo pensé que estos tíos habían llegado todo orgullosos plantando una bandera en el conejo de sus súbditas proclamando «¡lo llamaré Mini-Yo!». Pero resulta que en realidad todas estas zonas/ órganos tenían otros nombres pero fueron rebautizados por otros/as investigadores/as en honor a todos estos señores. En fin, eso no quita que, si estos nombres te den mal rollo, no depende más que de ti el usar sus auténticos nombres anatómicos. Ya te los he indicado en este capítulo, espero que aprecies mi encantadora atención.

OJO: Lo que llamo «zona rugosa» es una invención total por mi parte, a falta de encontrar un nombre de verdad.

¿Y QUÉ ES EXACTAMENTE UN DICKLIT?

Como no soy una experta en el tema, le cedo la palabra a mi amigo Arsène Marquis.

El dicklit (del inglés *dick*, polla, y *clit*, clítoris) es el mote con el cual un gran número de personas trans ftm (*female to men*) o ftx (*female to x*) le dan a su clítoris cuando este ha crecido por el efecto de la toma de testosterona. En función de las predisposiciones genéticas de cada cual, y por el efecto de esta hormona que también puede volver la voz más grave, hacer que salga barba o que se caiga el cabello, el dicklit puede crecer a un tamaño variable, desde solo un poquito a varios centímetros. Dependiendo de la persona, hacen falta entre varios meses y varios años para que el tamaño se estabilice. Sin llegar hasta que la penetración sea posible o que se note un bulto en tu pantalón, las erecciones del dicklit son con frecuencia más visibles, y su sensibilidad aumenta. ¡Al principio, incluso el roce de la ropa interior puede resultar doloroso! Si es tu caso, una pequeña compresa de algodón suave será tu mejor aliada. Para las personas que deseen una operación genital, el desarrollo del dicklit puede igualmente ser una primera etapa hacia la metoidioplastia, una cirugía alternativa a la faloplastia que consiste básicamente en liberar al dicklit de sus ligamentos para que pueda vivir su pequeña vida en total libertad, pareciéndose además un poco más a un pene. Pero no es una transición obligatoria, aunque este es otro tema.

¿Y cuáles son los efectos de la testosterona en la vulva y la vagina? Cuidado, coge esto con pinzas porque voy a hablar más bien un poco por encima que de verdades absolutas. Lo que sabemos es que generalmente la regla deja de bajar a los pocos meses, pero a veces puede volver de manera temporal, tras un período de estrés, por ejemplo. También sabemos que la testosterona tiende a volver la vagina elástica y el cuello del útero más sensible: si Cachivache ha empezado a tomar testosterona, quizás tendrá que volver a pensar en cómo realizar sus prácticas sexuales teniendo esto en cuenta. También sabemos que muchas personas transmasculinas experimentan una lubricación natural y una eyaculación más intensa bajo el doble efecto de la toma de testosterona y de la estimulación. Pero como los efectos de las hormonas, ya sean producidas por nuestro cuerpo o no, son muy variables de una persona a otra, y como todo este jaleo ha sido aún muy poco estudiado, ¡lo que sabemos por encima de todo, es que sabemos que no lo sabemos todo!

Para profundizar en este tema, puedes consultar la documentación disponible en la página web: http://transexualia.org/. También puedes bajarte la guía «Más allá de la anatomía. Una guía a los cuerpos y a la sexualidad para quienes se relacionan con personas trans*» de https://malapluma.noblogs.org/post/2019/04/22/mas-alla-de-la-anatomia/.

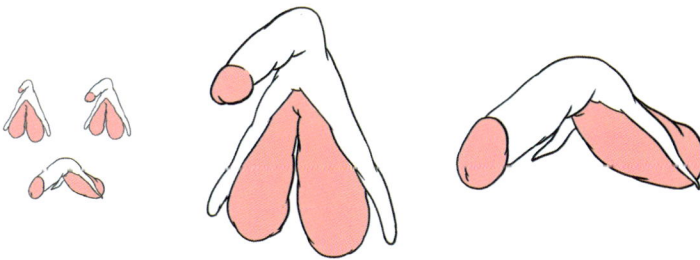

TOD@S IGUALES EN NUESTRO GÉNERO

Ha sido viendo una foto de un dicklit cuando he comprendido de golpe que todas las personas estamos equipadas con el mismo órgano. Pues sí, todas las personas tenemos un glande, un frenillo, cuerpos cavernosos, cuerpos esponjosos, etc. Nuestros órganos son similares en todos los aspectos, simplemente han evolucionado de un modo diferente.

Y es en ese momento en el que, embriagada por una euforia incontrolable, me he puesto a elaborar teorías completamente absurdas que probarían que todas las personas somos realmente idénticas e iguales y que no hay dominadoras ni dominadas. Pero seguramente no sean más que chorradas… ¡lo sabríamos!

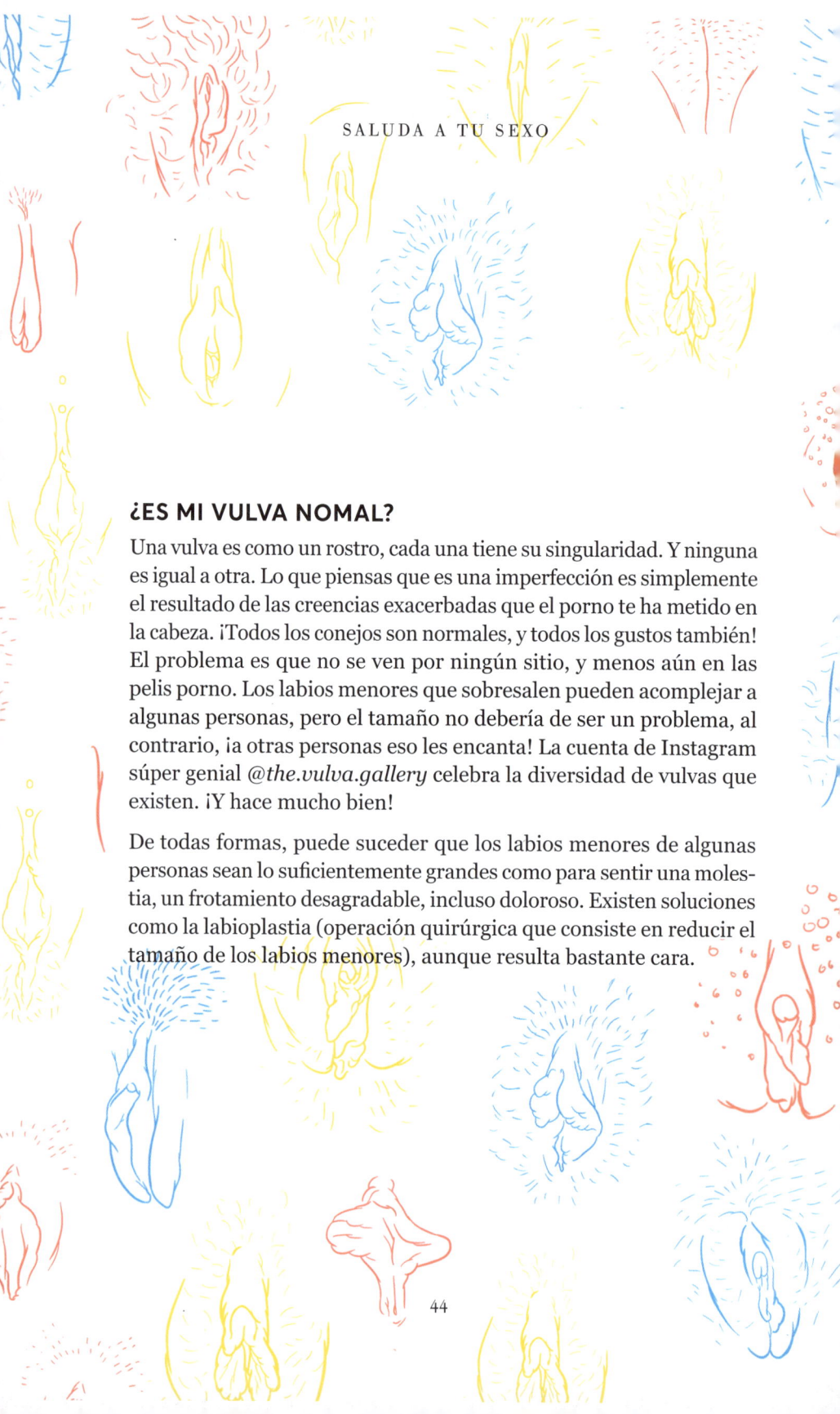

SALUDA A TU SEXO

¿ES MI VULVA NOMAL?

Una vulva es como un rostro, cada una tiene su singularidad. Y ninguna es igual a otra. Lo que piensas que es una imperfección es simplemente el resultado de las creencias exacerbadas que el porno te ha metido en la cabeza. ¡Todos los conejos son normales, y todos los gustos también! El problema es que no se ven por ningún sitio, y menos aún en las pelis porno. Los labios menores que sobresalen pueden acomplejar a algunas personas, pero el tamaño no debería de ser un problema, al contrario, ¡a otras personas eso les encanta! La cuenta de Instagram súper genial *@the.vulva.gallery* celebra la diversidad de vulvas que existen. ¡Y hace mucho bien!

De todas formas, puede suceder que los labios menores de algunas personas sean lo suficientemente grandes como para sentir una molestia, un frotamiento desagradable, incluso doloroso. Existen soluciones como la labioplastia (operación quirúrgica que consiste en reducir el tamaño de los labios menores), aunque resulta bastante cara.

¡No es algo sucio!

¿DE QUÉ ESTÁ HECHA LA LUBRICACIÓN VAGINAL?

La lubricación vaginal es el resultado de una sabia mezcla entre dos líquidos. Uno surge de las glándulas vestibulares mayores y lleva el fantasioso nombre de «ciprina». Sirve para lubricar el vestíbulo gracias a un ingenioso sistema de mini orificios (imposible distinguirlos a simple vista) que se encuentran en las proximidades de la entrada de la vagina.

El segundo líquido, segregado dentro de la vagina, se llama flujo vaginal. Podríamos compararlo con la transpiración. Es muy práctico y sobre todo está muy bien hecho ya que, incluso tras una ablación de las glándulas de Bartolino, es posible continuar teniendo una sexualidad normal y húmeda. Si no es tu caso, recuerda que los geles lubricantes son tus amigos.

HABLEMOS DE LOS PEDOS VAGINALES

Vale, el ruidito no es que sea súper glamuroso... ¡Pero los pedos vaginales son inodoros! Se producen por el vaivén de tu pareja en tu vagina. Así que, técnicamente, no es realmente tu culpa si se mueve el aire por ahí.

Ya sé que es fácil de decirlo, pero no tienen que darte ninguna vergüenza y en realidad es mejor reírse, ¿no?

A tu pareja le da igual, seguro. Pregúntaselo, ya verás.

Y además, sobre todo, la sensación de hacer el amor con aire en el chumino es súper desagradable... Podría compararlo con la resistencia que hace un inflador de ruedas de bici cuando estás usándolo. Así que no dudes en hacer una pausa para expulsar este encantador ruido. ¡Porque no hay nada malo en sentirte bien con tu cuerpo!

¿EMISIONES DE EFECTO FUENTE...

Las emisiones fuente es lo que en las pelis porno se llama *squirt*. Se manifiestan con mucha frecuencia en grandes cantidades, resbalando a lo largo de la vulva o en jet. Al tacto, el líquido emitido se parece al agua. Se asocian erróneamente con una eyaculación o un orgasmo. Claro, un orgasmo puede estar ligado a este fenómeno, pero en la mayoría de los casos, no es más que una reacción mecánica debida a una estimulación directa de la vejiga y de las glándulas situadas a lo largo de la uretra.

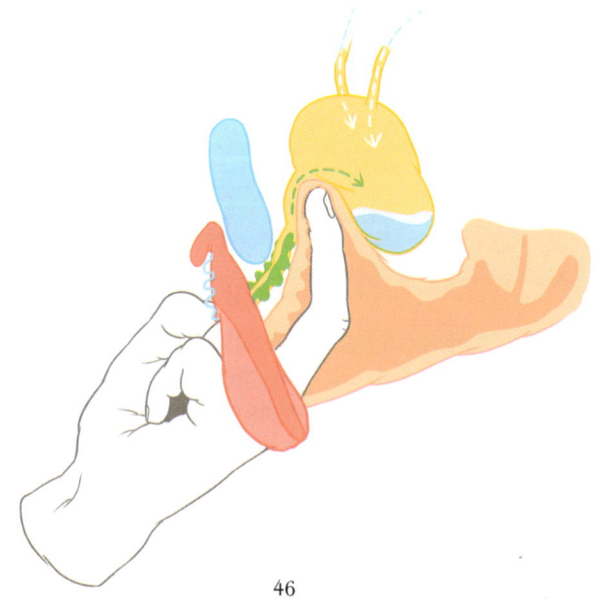

¡Explicación! Cuando la pared anterior de la vagina es estimulada, las glándulas parautretrales que se encuentran en las proximidades producen un líquido inodoro e incoloro que a veces puede subir por la uretra hasta la vejiga. Esta última, en medio del calentón, va a llenarse de orina extremadamente diluida, con mucha agua y muy pocos «desechos». Por eso sucede que tus emisiones fuente puedan a veces tener un ligero olor a orina. Pero nada de pánico, ¡no es casi nada!

Si te encuentras bastante a gusto con tu cuerpo, sabrás que esta sensación de ganas de hacer pis no es tal, sino que estás a punto de *squirtear*. También puede suceder sin más, sin ningún indicio previo.

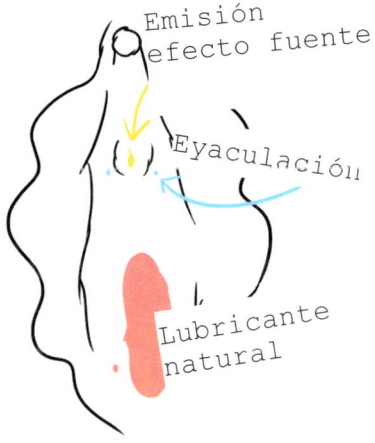

... O EYACULACIÓN?

El líquido eyaculatorio también se segrega por las glándulas parautretrales. Salvo que, en este caso, el líquido sale directamente por los mini orificios de las inmediaciones de la uretra, en vez de subir hacia la vejiga.

Resulta muy discreto, porque es incoloro e inodoro, pero sobre todo su cantidad es ínfima, al contrario que en las emisiones de efecto fuente, que sí pueden ser muy abundantes y tener un ligero olor.

La eyaculación para Cachivache es por lo tanto más difícil de identificar, ya que se mezcla con mucha frecuencia con el líquido producido por las glándulas de Bartolino.

Tampoco podemos afirmar que todo el mundo pueda eyacular puesto que algunas personas no estarían equipadas con estas famosas glándulas.

Así que si te preguntan «¿has eyaculado?» podrás responder «¡es imposible saberlo, pero si me estás preguntando por esa enorme mancha en las sábanas, eso es probablemente *squirting*!».

¡MIERDA, TENGO LA REGLA!

¿Y qué pasa, eh?

Pasemos el micro a la doctora Clémentine Courage.

«Bueno, para abreviar, la sangre de la regla se corresponde con la descamación de tu útero. El primer día de la regla marca el inicio de tu ciclo menstrual, que contiene varias fases, y cuya finalidad "natural" sería la de fabricar un bebé. Después de la regla, bajo el efecto de varias hormonas, la pared del útero va a ensancharse progresivamente con el objetivo de poder, al final, acoger a tu pequeño huevo (tu óvulo,  producido normalmente en mitad de tu ciclo y que será fecundado –o no– por un espermatozoide). Si al final de tu ciclo no ha habido fecundación, el pequeño bolsito confortable va a "autodestruirse". Y esto es lo que hace que sangres y que a veces duela un montón (tu útero se contrae para evacuar todos estos pequeños desechos)».

Vale, tienes razón, siempre es un poco rollo tener la regla a causa del síndrome premenstrual, de esas cochinadas de manchas de sangre que se escapan por todas partes, y de la mala leche que se te pone, pero también podemos ver ahí algo un poco más espiritual, como imaginar que el cuerpo se regenera, se «purifica» para volver a empezar un nuevo ciclo. Algunas personas hasta recogen su sangre para celebrar rituales místicos (te lo juro) o hacen ofrendas a Satanás las noches de luna llena (sí, ¿y qué?). A cada cual su delirio, oye.

Pero de todas formas, tiene pinta de que te cambia la vida cuando decides aceptarla más que decir «mierda, tengo la regla». Parece que ayuda.

ALGUNAS CANCIONES QUE PUEDES ESCUCHAR PARA AMBIENTAR LOS DÍAS DE REGLA

- *Bloody shadows from distance,* Lena Platonos
- *Sunday Bloody Sunday,* U2
- *Bloody well Right,* Supertramp
- *Bloody Mary,* Lady Gaga
- *Roots bloody roots,* Sepultura
- *Sang pour sang,* Johnny Hallyday
- *Allez le sang,* JUL
- *Blood,* Kendrick Lamar
- *Bloody waters,* Anderson Paak ft James Blake
- *Blood on the dancefloor,* Michael Jackson
- Todo el disco *Blood,* Rhye
- *Raining Blood,* Slayer
- *If you want blood, you got it,* ACDC

Period Sex

No es que sea una nueva moda, pero se escucha cada vez más hablar de *period sex, aka* «tener sexo durante la regla». Por supuesto, esto siempre ha existido, pero parecería que últimamente hablamos de esto con más libertad, y que esta práctica parece que ya no le choca a mucha gente más allá de a los hematófobos y a mis abuelos. En efecto, la sangre de la regla no tiene nada sucio y sería una verdadera lástima privarse de hacer el amor si tenemos muchas ganas. *Am I right?*

Cuidado de todas formas, hay que seguir protegiéndose porque el riesgo de contagiarse de una ITS es más alto. Y también, aunque la probabilidad de un embarazo en ese momento es baja, el riesgo existe. ¡Siento fastidiar el ambiente!

Mira, me apetece un polvo...

¿CUÁL ES EL MEJOR MOMENTO DEL CICLO PARA TENER SEXO?

En una encuesta que realicé en mi cuenta de Instagram, le pregunté a todas las personas con vulva que en qué momento de su ciclo sentían una mayor excitación. Las respuestas fueron súper sorprendentes, ya que un 52 % se denominaron súper *calientes* en el período de la ovulación, y un 48 % ultra *horny* durante la regla. Lo que pasa es que en esta encuesta no pensé en tener en cuenta la respuesta «todo el tiempo» que me propusieron un montón de veces mediante mensajes privados. Así que básicamente no hay reglas (juassss), y sí hay algunas personas que no quieren hacer el amor durante la regla, hay otras a las que les vuelve locas, y también hay un tercer grupo que podrían hacerlo en cualquier momento... ¿Y tú?

¡LA HIGIENE, LECHE!

Hablemos de un tema que olvidamos con demasiada frecuencia: la higiene de las manos (también hay que incluir la polla y los dildos). Porque si no te lavas las manitas antes de hacerle un dedo a Cachivache, te arriesgas a no poder volver a hacerlo durante bastante tiempo. Verás, la flora de su chumino es muy frágil y el menor intruso puede conllevar infecciones por hongos, cistitis y otras guarradas innombrables.

Si tú, Cachivache, tienes la más mínima duda, la más mínima picazón, pérdidas u olores anormales, puedes empezar lavándote la vulva con jabón de pH neutro una o dos veces al día como máximo, llevando ropa interior de algodón o seda y evitando los pantalones muy ajustados. Las duchas vaginales, sin embargo, son una pésima idea, así que no dudes en hacerle una llamadita a tu gine que sabrá prescribirte el tratamiento adecuado.

Aprovecho también para pedirte que te laves las manos antes de rebuscar en el bote de cacahuetes. Porque el aperitivo es casi tan sagrado como nuestro real papo. Gracias.

¡Alto ahí!

LOS ANTICONCEPTIVOS

¿Qué tipo de anticonceptivo elegir? Nadie puede responder a esta pregunta por ti, salvo quizás tu gine, que sabrá guiarte para elegir cuál te conviene más. Las opciones, evidentemente, pueden variar, en función de tu edad o de cuánt@s hij@s tengas ya.

Entre la píldora, el DIU, los parches, el anillo, el implante, el diafragma, los preservativos, la esterilización, la marcha atrás, y más... no sabemos a veces muy bien por cuál decantarnos, ya que cada solución tiene sus ventajas y sus inconvenientes.

¿Entonces qué hacer? Si quieres mi opinión, el mejor anticonceptivo es acostarte con personas de tu mismo sexo. Y encima tendrás probablemente más orgasmos, si hacemos caso de ciertos estudios al respecto. Pero bueno, esto quizás no le guste a todo el mundo.

Francamente, no sé qué aconsejarte. La química tiene muchos efectos secundarios; los métodos naturales no son fiables y pueden producir estrés; la esterilización es, por su lado, irreversible. No te estoy diciendo que no te protejas, los anticonceptivos ofrecen un confort sin igual, pero... ¿no deberíamos pensar en compartir esta tarea con el sexo opuesto?

Los anticonceptivos químicos aptos para Menganite están aún testeándose y se arriesgaría a experimentar efectos secundarios indeseables (¡jajaja, ya sé lo que me vas a decir...!).

Sin embargo, existen soluciones totalmente factibles y *safe* para los penes, incluso si la mayor parte están aún en estado de test, o en *stand by* ya que los estudios de mercado han mostrado poco interés en este punto.

Puedes ir a la página 86 para saber más. ¡Porque es tiempo ya de que los anticonceptivos no sean una movida más que para las vulvas!

PROTEGERSE DE LAS ITS (INFECCIONES DE TRANSMISIÓN SEXUAL)

Para maximizar tus probabilidades de no pillar ninguna, tus vacunas evidentemente tienen que estar al día. Si vas a meterte una pajita por la nariz o una aguja en el brazo, verifica primero que no hayan sido usadas por nadie antes que tú. Y, en fin, usa protección sea cual sea tu orientación sexual.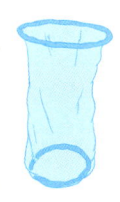

El preservativo femenino no es realmente muy popular entre las vulvas, pero al parecer podría ser muy práctico en determinadas situaciones, por ejemplo cuando se está con la regla. A nivel confort, sé que hay un montón de versiones, algunas personas lo encontrarán muy cómodo y otras tendrán la sensación de estar haciendo el amor con una bolsa de plástico... Lo mejor sería probarlo al menos una vez para ver qué sientes tú. El problema es que no es tan fácil de conseguir. No todas las farmacias lo venden, y los supermercados menos aún. Lo más fácil será pedirlo en el centro de salud, en planificación familiar (gratis) o comprarlo por internet. Que sepas que es más caro que un preservativo externo. Ya sé, no te estoy vendiendo un sueño precisamente, pero lo mismo a ti te funciona bien, así que no te olvides de tener unos pocos en tu mesilla. ¡Nunca se sabe!

Para poder hacer cunnilungus/anilingus sin miedo, una barrera bucal es un excelente modo de protegerse. Se encuentran en planificación familiar y en internet. También puedes usar un preservativo externo para fabricar una si no tienes a mano.

Por último, los guantes de látex, además de ser negros y *cools*, son perfectos para hacer dedos y *fists* de manera totalmente higiénica. Puedes comprarlos en un sex-shop, en la farmacia, en internet o en tiendas de bricolaje (¡sí!). Tampoco está de más recordar que no es recomendable lamer el ano antes que la vulva, ¿ok?

¿QUÉ HACER DESPUÉS DE UNA AGRESIÓN SEXUAL?

Lo primero, que sepas que lo que acabas de vivir no es para nada tu culpa, da igual cómo te vistas o cómo te comportes, el que la ha cagado es el agresor. Todas las emociones que te están atravesando el espíritu son legítimas y tienes todo mi apoyo.

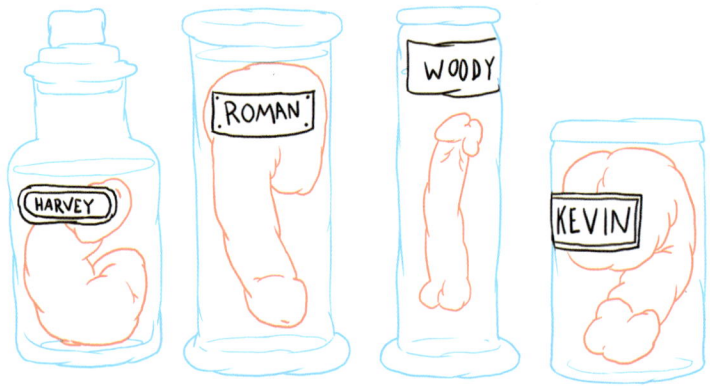

Hay muchas acciones que podemos llevar a cabo, aunque no hay nada obligatorio. He aquí una pequeña ayuda para guiarte porque, en ese momento, no siempre se tienen las ideas claras:

– En primer lugar, vete a un médico de urgencias. Lo primero que pensarás seguramente será en ducharte, pero es preferible (aunque sea un momento muy difícil) ir directamente a que extraigan las muestras necesarias que podrían servir para una futura investigación. No te sientas obligada a llamar a la policía en seguida. Tus exámenes se conservarán hasta el momento en el que te sientas capaz de realizar la denuncia en la comisaría.

– Después de esto ya puedes volver a casa para ducharte, gritar, chillar, llorar…

– Si decides poner una denuncia, piensa en guardar todas las pruebas del delito, como tus ropas manchadas, tu ropa interior, mensajes de texto, etc.

– Si te sientes capaz y si conoces a tu agresor, puedes intentar ponerle una trampa consiguiendo que confiese su crimen por un mensaje de texto, escribiéndole algo tipo «si sabías que yo no quería, ¿por qué lo has hecho?».

Con un poco de suerte, morderá el cebo y eso constituirá una nueva prueba contra él.

– Si lo deseas, habla sobre esto con personas de confianza, ya que puede ser difícil llevar este peso en soledad. Si no consigues hablar con una persona cercana, existen asociaciones que están a tu disposición para poder guiarte. Pues consultar con https://www.mehanviolado.com/ o http://stopviolenciasexual.org/.

– Además, siempre puedes pedirle ayuda a un/a psicólogo/a, ya que muchas veces las amistades o la familia no tienen las palabras necesarias para abordar un tema tan traumatizante. Incluso si es difícil, está fuertemente aconsejado el no quedarte con este secreto para ti, ya que hablar sobre él es un primer paso hacia la resiliencia.

Tienes derecho a romperte y lo que acaba de sucederte no es tu culpa para nada. Tampoco tengas miedo si te encuentras extrañamente en calma: a veces el cuerpo y las emociones se quedan en *stand by* cuando el shock es demasiado grande.

Gracias a Anaïs Bourdet, a Aliona («La prédiction») y a Sil por su ayuda.

Cuando duele

LA ENDOMETRIOSIS

Cuando el dolor de la regla es realmente insoportable, y que encima hay dispareunia (dolores vinculados con la penetración), solo existe una solución: ir a la consulta. Y si tu gine te dice que es todo psicológico o que no tienes nada, entonces dile que le joda un pez y cambia rápidamente de profesional. Lo mejor es siempre acudir a alguien que sea especialista en endometriosis.

Para más información, consulta http://www.endoinfo.org/.

Existen soluciones para volver a llevar una vida normal, como tratamientos hormonales para parar la regla o incluso la cirugía. Estos dolores no son para tomárselos a la ligera. La endometriosis puede causar problemas de fertilidad, que también tienen solución, no te preocupes. Hay un montón de foros y artículos que hablan de este tema, hay muchas personas en esta situación.

LA DISPAREUNIA

La dispareunia se da cuando la penetración es dolorosa. Puedes sentirla tanto en el fondo de la vagina como en la entrada. ¡Contrariamente a lo que mucha gente piensa, sentir dolor durante la penetración no es normal!  Existen multitud de causas a estos dolores: un método anticonceptivo mal adaptado, un útero en retroversión, una escasa profundidad de la vagina, por ejemplo, en algunas personas intersex, una endometriosis (sobre todo en caso de que también haya dolores intensos durante la regla), una micosis, un herpes, una polla demasiado grande, sequedad vaginal, la cicatriz de una episiotomía, en fin, todo lo que le hace daño al chumino, oye. Todas estas fuentes de dolor, así como algunos traumatismos, pueden desembocar en un vaginismo, lo que quiere decir que se contraen involuntariamente los músculos de entrada de la vagina, lo que vuelve la penetración muy dolorosa, incluso imposible: esto es lo que se llama una dispareunia de intromisión (vamos, que no entra).

Sea cual sea la causa, existe una parte psicológica importante en los fenómenos dolorosos, que hay que tener siempre en cuenta, como un trauma, una agresión, un miedo al coito, una educación rígida respecto a la sexualidad, un asco, una pérdida de deseo por tu pareja, una pareja que no escucha lo suficiente, un trauma postparto, el miedo a un pene demasiado grande... Puede ser todo y nada, y cada caso tiene su solución: se trata por lo tanto de que encuentres la tuya para que el sexo ya no sea sinónimo de dolor.

Pero siempre hay una luz al final del túnel (sea el que sea), y he recibido un montón de testimonios de personas que han logrado superarlo. Esto es lo que podemos concluir:

— Primero, hay que ir a preguntarle a una persona especialista en el tema o cambiar de gine si estimas que no está a la altura, no te escucha o no se toma tu dolor en serio.

— A veces, simplemente retirando el DIU o cambiando de píldora puedes conseguir que estos síntomas desaparezcan. En caso de que también tu regla sea muy dolorosa, no dudes en consultar a profesionales especialistas en endometriosis, por precaución.

— Otras especialidades pueden ser también de gran ayuda, como la osteopatía, la kinesioterapia de suelo pélvico (ojo, el tocar por dentro está prohibido desde hace varios años), la hipnosis, la acupuntura, etc.

— Es esencial que te comuniques con tu pareja o con un/a profesional de la psicología para detectar de dónde viene el problema, pero también para que tu pareja ajuste sus movimientos y esté pendiente de tus reacciones. Podrás de ese modo explicarle que no deseas realizar más tal o cual postura (como el perrito, por ejemplo) o ayudarle a que la penetración se sitúe en segundo plano, aunque sea por un tiempo (o incluso para siempre...). Lo primordial es escucharse y no forzarse nunca, porque eso supondría un riesgo de empeorar el problema.

— Bueno, que tampoco quiero que entres en pánico, pero lo cierto es que hay muchas personas que me han comentado la hipótesis de que la pareja no estaba muy por la labor de escuchar, y que el hecho de haber encontrado una nueva pareja lo cambió todo. ¡Pero tú haz lo que quieras!

En lo que respecta a las personas que han sufrido una agresión o un trauma, un seguimiento psicológico podría ser de una gran utilidad, trabajando conjuntamente con algún tipo de medicina alternativa como las citadas más atrás.

Gracias a la doctora Clémentine Courage por su ayuda.

La penetración está muy bien, pero no sirve para provocar el orgasmo en la gran mayoría de personas dotadas de un clítoris.

Jean-Michelle Orgasme

VAGINA Y CLITO ESTÁN EN UN BARCO. VAGINA SE CAE AL AGUA*...

Tu clítoris es el único órgano exclusivamente dedicado al placer. Es su único rol. Es gracias a él que la penetración se vuelve a veces agradable y que puede procurarte magníficos orgasmos. El mundo por lo tanto ya no se divide en dos categorías (las personas vaginales o clitorianas). ¡Eres una persona clitoriana y punto! Sin embargo, existen dos maneras de llegar al orgasmo: tocando la parte externa del glande del clítoris o mediante la penetración. Así que sería más apropiado hablar de «personas clitorianas externas o internas» para hacer la distinción.

Dicho lo cual, los casos de orgasmos por penetración son más raros. En efecto, el glande es la parte más sensible del clítoris. Así que resulta muy sorprendente el seguir viendo pelis donde las mujeres llegan sistemáticamente al orgasmo gracias al cimbrel de su pareja, ya que no es muy representativo de la mayoría y de hecho se vuelve muchas veces culpabilizante para las personas que jamás han conseguido llegar así al orgasmo y que quizás nunca lo consigan.

---

* N. de la T.: *juego de palabras con una adivinanza infantil: «Bali y Balo están en un barco, Bali se cae al agua, ¿quién tiene el pelo más corto?».*

> ### MIRA ESTE APETITOSO CAMEMBERT
>
> Solamente un 13 % de mis seguidores/as consiguen llegar al orgasmo gracias a la penetración.
>
> El 87 % restante necesitan estimular el glande para conseguir llegar.
>
> *Encuesta realizada con la participación de unas 20 000 personas.*

EL ORGASMO: ENTRE DEJARSE LLEVAR Y SIMPLE MECÁNICA

Muchas personas con vulva me escriben para preguntarme si es normal no conseguir llegar al orgasmo con sus parejas o teniendo que pensar en imágenes porno para lograrlo... Algunas no consiguen permanecer del todo en el momento presente, perdiendo la concentración con rapidez. Fantasear con una escena porno para echarse una mano no es una falta de respeto hacia la otra persona. Si te ayuda a permanecer *horny*... De todas formas, ¡cada loco con su tema! Algunas personas piensan en escenas porno mientras que otras fantasean con la rebelión de los robots o la invasión de los extraterrestres... *Whatever makes you hot.*

No solo la mente está implicada. En la época en la que las revistas, el cine o internet nos inundan de sentimientos de culpa por tener demasiadas «imperfecciones», es complicado sentirnos 100 % a gusto con nuestro propio cuerpo o con nuestra pareja. Hay que saber ir más allá del juicio que haces de tu físico cuando estás sintiendo placer.

De manera general, el cine y sus clichés hacen mucho daño a nuestros orgasmos. Siempre vemos cómo los actores se corren de manera sistemática y además con un rostro ideal de la muerte. Ése es todo el problema. La realidad es otra y, cuando estamos en esos momentos de placer, tenemos que conseguir olvidarnos de nuestros cuerpos: olvidar las expresiones de nuestro rostro, los ruidos que hacemos, la postura que adquirimos... No es fácil, ¿verdad? Esto se llama «dejarse llevar» y puede constituir el trabajo de toda una vida. Llegar al orgasmo mientras controlas tu propia imagen es, para mí, algo imposible. Por esto resulta mucho más fácil llegar al orgasmo en soledad.

Y ahora que ya hemos hablado de lo que imaginamos, hablemos de mecánica. Las malas lenguas populares dicen que las vulvas orgasmean con la cabeza y los penes de manera mecánica. Esto también es muy culpabilizador ya que, si nos creemos esto, querría decir que muchas personas no somos «funcionales». Pero... ¡sorpresa, sorpresa! Acariciarse el clítoris de manera eficaz vuelve el orgasmo fácilmente accesible sin ninguna obligación de pensar en nada para conseguirlo. Es muy fácil decirte que tienes la culpa de todo, que tu cabeza y tu cuerpo no funcionan demasiado bien. Y fíjate cómo es más sencillo conseguir el orgasmo en soledad. ¿Entiendes lo que quiero decir?

Una buena pareja, paciente, con disposición a escuchar y que conoce tu cuerpo, puede llevarte de manera casi sistemática al orgasmo. Y cuanto mejor lo haga, menos necesidad tendrás de pensar a la vez. No olvidemos que el pene y el clítoris son órganos homólogos, así que no hay ninguna razón para que el uno funcione mejor que el otro. ¡Faltaría más!

La práctica y la perseverancia de tu pareja marcarán la diferencia. Y esto necesita de trabajo y de un mínimo de conocimiento del cuerpo de la otra persona. Así que tranquilidad, no te pasa nada malo. Mejor sugiérele a Ente-Cosa que se lea este libro (pues sí, hago posicionamiento del producto en el propio producto).

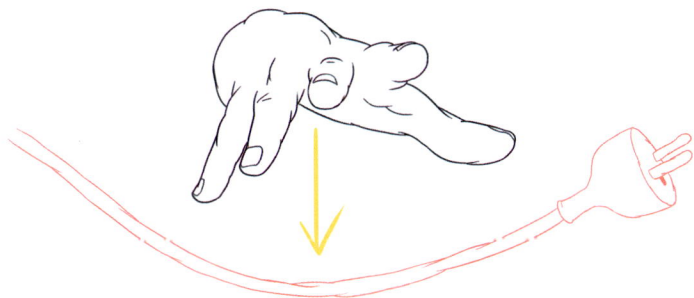

PRUEBA ESTE PEQUEÑO EJERCICIO (EN SOLEDAD PARA EMPEZAR):

Mastúrbate haciendo los ruidos o poniendo la cara que te dé la real gana. Concéntrate en tu placer e intenta identificar qué te ayuda a llegar al orgasmo.

Algunas personas chillan, maúllan, gruñen, no dicen nada, dejan de respirar... Otras necesitan tensionar los músculos, estirar las piernas lo máximo posible, agarrar fuertemente cualquier cosa, cerrar los ojos o, al revés, dejarlos abiertos y exorbitados, la boca totalmente desencajada. Algunas personas necesitan acelerar su respiración para hiperventilar.

Y también está la imaginación, como pensar en escenas reales o porno, elaborar tu propio guion, imaginar que un pulpo espacial te está lamiendo, en fin, ¡lo que sea que te excite!

Y ahora que ya sabes qué es lo que te hace correrte, ¡cuéntaselo a tu pareja (o no) y déjate ir como nunca! Y, sobre todo, nada de culpa, porque si no consigues llegar, no serás la única persona a la que le suceda. No te olvides tampoco de que tu pareja tiene que conocer mínimamente tu cuerpo para ayudarte a conseguir el orgasmo. En fin, que tampoco eches balones fuera como si toda la responsabilidad de esta pequeña pifia fuera su culpa. Todas las personas tenemos nuestros trucos, así que no intentes jugar al juego de otra persona. Y un notición: en las pelis no están orgasmeando de verdad...

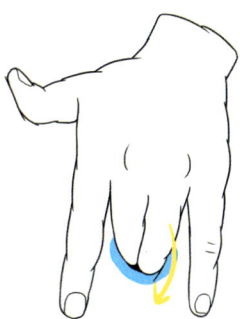

NO ME GUSTA HACERME DEDOS, ¿ES NORMAL?

¡Pues sí, no eres la única persona! No hay ninguna obligación de que nos guste todo y, la mayor parte del tiempo, la masturbación se limita a masajear la vulva y el glande del clítoris. Ya resulta satisfactorio que te metas los dedos por ahí, más que nada para ver cómo está todo hecho por la zona.

Si nunca lo has probado, pues te lo recomiendo, sin buscar placer en principio, únicamente para tomar conciencia de tu propia intimidad.

Y para quienes sí adoran hacerse dedos y se preguntan si son normales también, responderé lo mismo una vez más, bajo el riesgo de repetirme: SÍ, y no eres la única persona.

Repite conmigo: «¡soy normaaaaaaal!».

ANORGASMIA: NUNCA HE EXPERIMENTADO UN ORGASMO, NI EN SOLEDAD NI EN PAREJA

¡Y hay más gente como tú! Si supieras el número de mensajes que recibo sobre este tema... La anorgasmia se da sobre todo entre las vulvas, aunque también exista entre los penes.

Y como todas las personas somos diferentes, las razones pueden ser muy variadas. Algunas sienten dolor al tocarse el clítoris, lo que les impide literalmente experimentar placer. Otras tienen una sensación muy fuerte de ganas de orinar cuando se acercan al orgasmo, lo que les impide llegar. También hay quienes no pueden evitar reír porque las cosquillas son demasiado intensas. También sucede que la excitación sexual no esté presente, por ejemplo en caso de depresión, cansancio, estrés, la píldora, etc. Y además, por supuesto, algunas personas son menos propensas al sexo, ¡no lo olvidemos!

Cuando pedí testimonios sobre esto, todas las personas con anorgasmia que finalmente consiguieron llegar me confesaron que lo lograron gracias al célebre vibrador «magic wand», el succionador de clítoris (hay varias marcas y modelos para todos los presupuestos), ¡y sobre todo gracias al chorro de la ducha!

Me dirás que no es muy ecologista, ¡pero resulta tan eficaz! Basta con desenroscar la alcachofa de la ducha (o conservarla si tienes diversas opciones de chorros) y apuntar hacia el glande del clítoris (¡nunca hacia el interior de la vagina, te arriesgarías a dañar a tu flora!). Si sigues sin conseguirlo, nada de pánico, puedes igualmente intentar que el glande salga un poco de su escondite elevando la piel de tu vulva hacia arriba.

P.D.1: cuidado con el pequeño empalme de la manguera de la ducha, que puede salirse con la presión, no olvides volver a dejarlo como estaba después.

P.D.2: estas opciones pueden volverse adictivas y está fuertemente recomendado variar los tipos de placer para no acostumbrar a tu clítoris a las vibraciones/succiones/sensaciones fuertes, bajo el riesgo de insensibilizarlo. Tus manos serán siempre tus mejores amigas, son gratuitas.

Si estas soluciones siguen sin adaptarse a tu cuerpo, entonces el método del «tocarse indirectamente» podría funcionarte. Se trata simplemente de estimular el tallo en vez del glande del clítoris, si este último es demasiado sensible en tu caso. Puedes tocarlo con tus dedos, un vibrador, agua... También puedes sentarte y cruzar las piernas para tensar los músculos de tus muslos de modo que ejerzan una suave presión sobre tu sexo.

Puedes ponerte bocabajo y frotarte contra un cojín o contra el colchón.

CLÍMAX CLUB

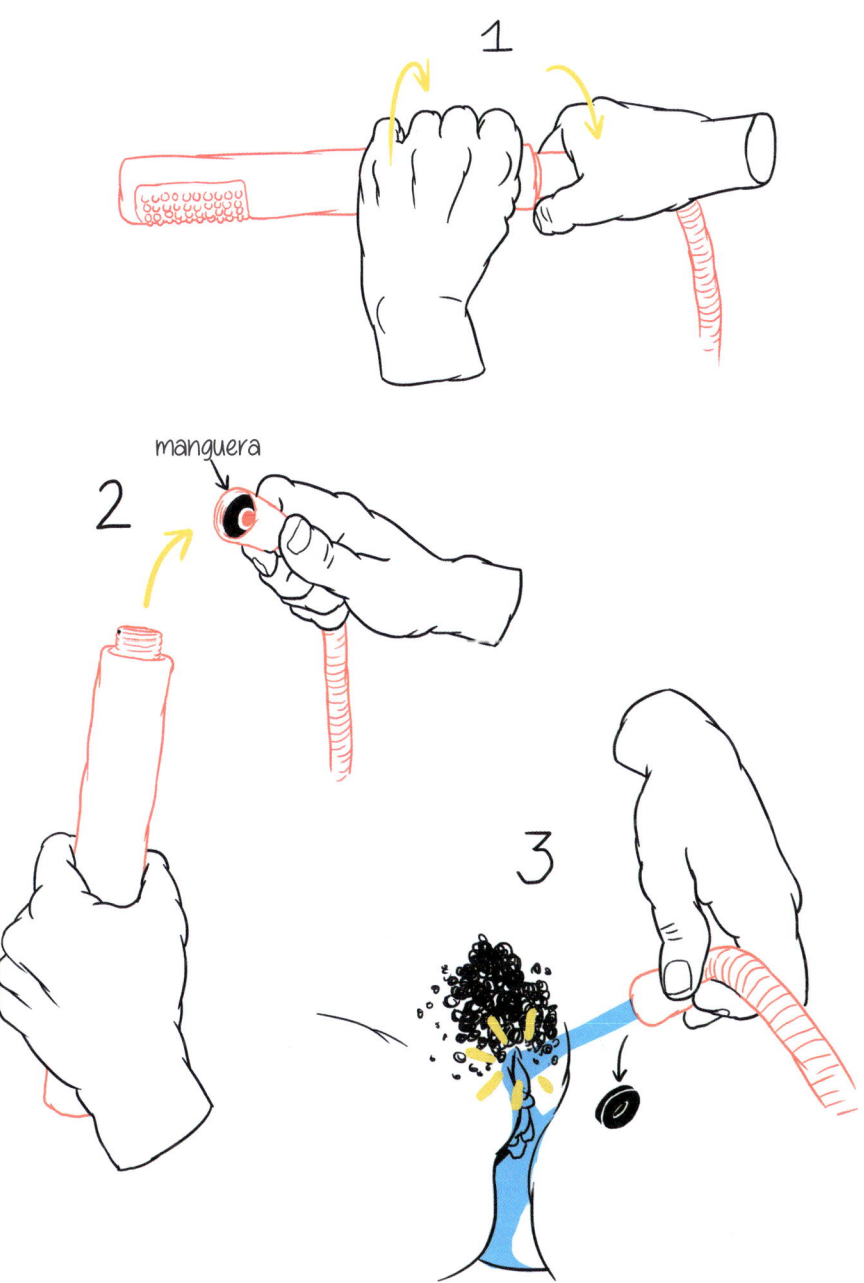

Puedes intentar contraer el suelo pélvico profundamente, como si intentaras aguantar la orina. Es un método que se encuentra en el Tantra. Hay muchos talleres de sexo tántrico que puedes encontrar si te interesa iniciarte.

En fin, que existen un montón de alternativas y ¡a cada cual su método! Te toca a ti experimentar para saber cuál te funciona mejor.

Si notas muchas ganas de orinar durante el orgasmo, te invito a que te masturbes en soledad en tu bañera y a dejarte ir. Nadie te mira, no temas nada. Quizás tu manera de orgasmear se exprese mediante emisiones de efecto fuente más o menos abundantes. Si es tu caso, invierte en unas buenas fundas protectoras y vive tu sexualidad libremente. O quizás confundes esas ganas de orinar con la sensación de correrte. La única manera de saberlo es llegando hasta el final para tener seguridad.

¡En fin, nada de pánico! Con el tiempo, la edad, la experiencia, tu clítoris y tu sensibilidad pueden evolucionar. Puedes, por ejemplo, experimentar dolores al tocarte que un buen día desaparecerán, sin saber muy bien por qué. En fin, que nada está escrito, así que ten clemencia con tu cuerpo y déjale vivir su vida sin presionarle demasiado.

No hay nada como una buena paja para dormir con serenidad.

LA AUTOEXPLORACIÓN DE LA VULVA Y DE SUS ALREDEDORES

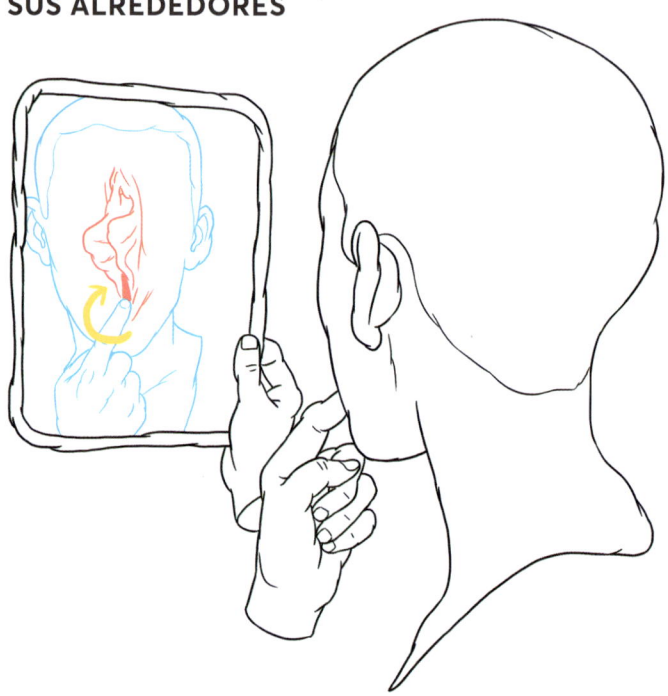

Cuando lancé *Jouissance Club*, quería terminar con la ignorancia que hay respecto a los placeres del chumino. Y siendo hetero, pensé inocentemente que había que educar a quienes tienen un pene. Y si bien esto último no es totalmente falso, la prioridad en realidad está en informar a quienes poseen una vulva, ya que, a fin de cuentas, se trata de nuestro cuerpo.

Aunque las y los que comentan mis publicaciones parecen estar a gusto con su cuerpo, los mensajes privados que recibo, muy numerosos, son muy diferentes. Me hablan de ignorancia total del placer, de vergüenza, de asco, de miedo al dolor, e incluso de desinterés total por los momentos en soledad. La masturbación y la autoexploración que yo pensaba que más o menos todo el mundo dominaba son en realidad algo mucho más tabú de lo que creía. En efecto, a muchas personas no les gusta tocar su vulva/vagina, otras nunca han llegado al orgasmo en soledad o en compañía, otras se acarician, pero nunca más allá de la zona externa de su vulva, etc. Cada cual tiene su manera de comprender su cuerpo, nada de anormal en esto y cada persona hace lo que quiere. No, lo que me choca sobre todo es que estas personas tienen todas un punto en común: son heteros y delegan muchas veces a las personas poseedoras de un pene la tarea de que se encarguen de su placer. Y muchas veces en vano, ya que, sin querer forzar a sus parejas, no conocen los secretos de nuestros genitales mejor, así como tampoco nosotr@s lo conocemos... Es la serpiente que se muerde el glande.

Esperamos con demasiada frecuencia que el placer nos lo procure la otra persona, que encuentre el botón adecuado. Es como si dejáramos que un niño de 3 años montase un Lego de 1000 piezas. A menos que se trate de un genio, le va a llevar un buen tiempo.

Así que escucha, tenemos derecho a que no nos guste tocarnos el higo. Pero, por el contrario, no hay nada de vergonzoso si sí que nos gusta. Saquémonos del coco que nuestros genitales son asquerosos. Nuestra vulva nos quiere bien, y como prueba tenemos el que esté equipada con el único órgano totalmente dedicado a nuestro placer: el clítoris. Sí, la cosa ésa que parece un sacacorchos, ya sabes, el trasto con los dos brazos.

No podemos pedirle a quien sea que nos dé placer, e incluso que nos lleve al orgasmo, si nunca nos hemos tomado el tiempo para comprender nuestro sexo. Este último punto me cayó como un jarro de agua fría el día en que comprendí que yo misma llevaba toda mi vida esperando tener un amante digno de ese nombre cuando estaba dentro de mí misma. ¡Tenía el poder de crear el mejor impacto de mi vida! La autoexploración me permitía por fin tomar las riendas de mi placer, conocer mejor mi cuerpo y mis zonas erógenas para poder guiar a mis parejas. Ojo, tampoco quiero añadir una presión de más a quienes poseen una vulva, ya que la responsabilidad de tu placer no tiene que pasar únicamente por cuestionarnos todo esto. Tu pareja también tiene el deber de realizar sus investigaciones por su lado mirando, por ejemplo, porno soft lésbico. Guiar está bien, pero guiar a alguien con un mínimo de información e interés, ¡es aún mejor!

¿Y si dejamos de fingir?

CLÍMAX CLUB

Ya es hora de que nos tomemos nuestro placer en serio y de que admitamos sus efectos terapéuticos. Porque si la autoexploración nos permite conocernos mejor, es también una manera de aprender a querernos, de tomarnos el tiempo de mimar nuestros cuerpos, tal y como podríamos hacer con el deporte, un masaje o una alimentación sana. Darse placer es respetarse, es aprender a quererse y a aceptarse, fenómeno cuyos efectos son simplemente milagrosos.

Te propongo aquí una serie de ideas adaptadas a todo tipo de personas. Hazlo si te apetece, no intentes sobrepasar los límites que te hagan sentir mal y, sobre todo, no te culpabilices si no consigues correrte. Es TU cuerpo, ¡no lo olvides!

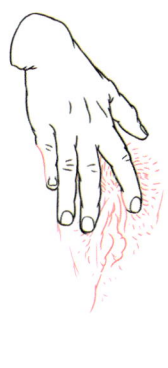

1- Empieza por mirarte en un espejo, conoce tu vulva. ¿Y por qué no ponerle un nombre: Clitorita, Vulviana…? ¿No? Vale.

2- Para un contacto indirecto: tócate por encima de las bragas, **frótate contra una almohada o usa la alcachofa de la ducha** en modo masaje o solo con la manguera (es más efectiva).

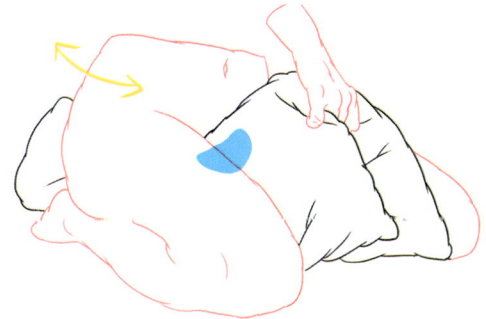

3- En el caso de que tu clítoris sea demasiado sensible o te duela al tocarlo, o simplemente porque no tengas ganas de tocarlo (a veces pasa), puedes intentar contraer el suelo pélvico. Como si intentaras aspirar tu ropa interior con tu vagina o intentaras retener la orina. Esta técnica estimula el clítoris indirectamente y a algunas personas puede procurarles estupendos orgasmos.

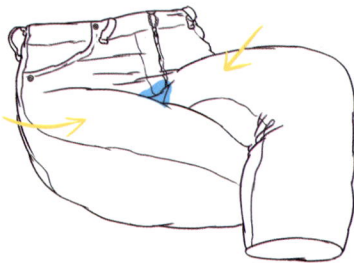

También está la **técnica de las piernas cruzadas**. Es fácil, siéntate, cruza las piernas y apriétalas, después deténsalas hasta encontrar el ritmo apropiado. Mientras conserves las piernas cruzadas, también puedes remenear la pelvis si eso te va bien.

4- Explora la **parte externa de tu vulva** con los dedos, tocando los labios mayores y menores, acaricia el glande del clítoris y el tallo, deambula en el vestíbulo.

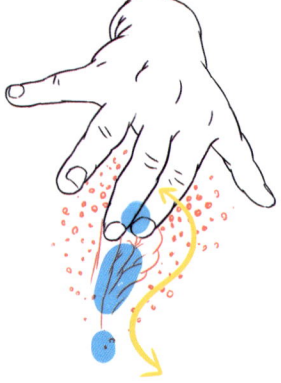

5- Explora la **parte interna de la vagina**, insertando los dedos, y recorre las diferentes zonas de placer.

6- Explorar en pareja puede ser una súper alternativa para quienes no quieran meterse los dedos. Guía a tu pareja contándole qué sientes y pregúntale cómo son las zonas que has identificado que te gusta que te toquen. Momento de complicidad asegurado.

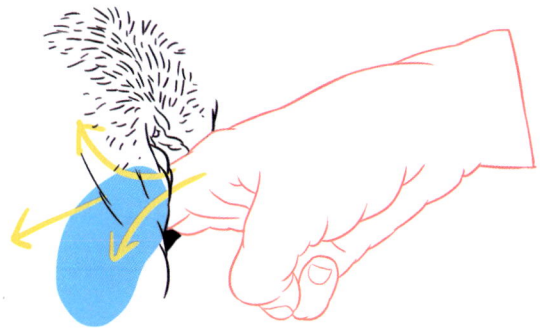

7- En fin, **lee un montón**. Pueden encontrarse actualmente muchos libros sobre el tema.

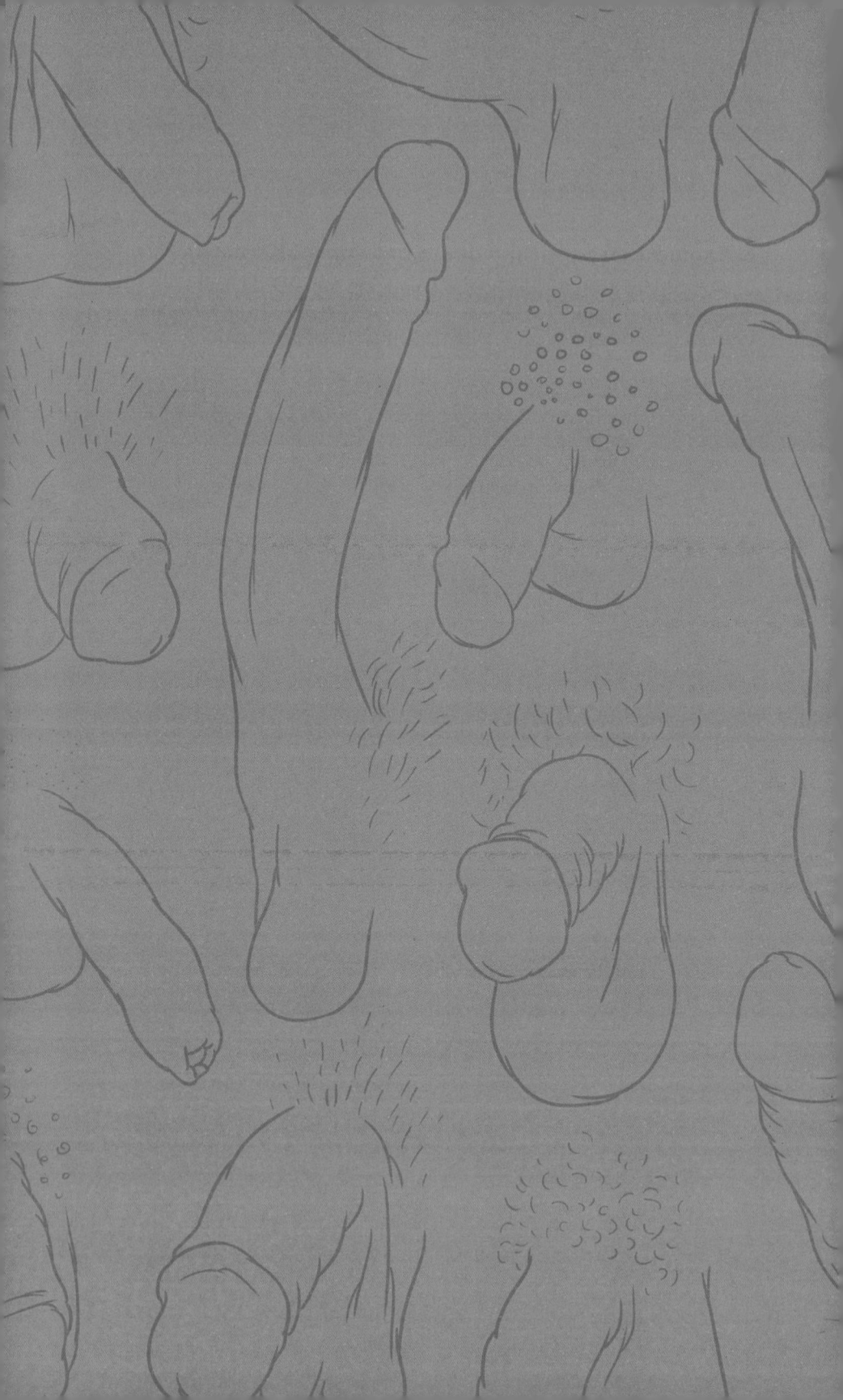

2. LOS ENTRESIJOS DEL PENE

Si tienes un pene, un cipote, una polla, una cola o una minga, este capítulo habla de ti.

Seas hombre, mujer, intersex, no binarie u otro…

SALUDA A TU SEXO

Mandatos sobre el pene también los hay a patadas. Tiene que ser gordo, empalmarse a lo grande y durante mucho tiempo, ser reactivo, eyacular, ¡pero sobre todo tiene que penetrar! El porno puede hacernos pasar un buen rato, pero deja unas huellas que juegan con nuestra confianza y nuestras creencias, independientemente de nuestro propio placer y del de nuestras parejas. Y aquí tampoco es que se muestre realmente todo el espectro de las posibilidades en términos de formas, tallas o rendimiento. No se ven más que penes gordos bien derechitos, el glande perfectamente alineado. La media que nos hacemos del pene perfecto es 20 cm. Nos montamos fantasías en las cuales las pollas gordas «descuajeringan» un chumino pequeño. Pero ¿dónde están las pequeñas, las micros, las torcidas, las finas y las que tienen un glande más gordo que el tallo? A esas se les hace burla, se las ridiculiza. ¿Acaso no se insulta diciendo «polla pequeña»?

También nos dicen que un pene penetra, pero que no debe dejarse penetrar. Nos dicen que si eso hacemos eso, «somos maricones/sumis@s». También se dice por ahí que un hombre tiene «un buen par de cojones» para recalcar que es valiente. A veces también se le dice a una mujer para felicitarla cuando ha hecho algo grande. Y sí, es muy conocido, las virtudes como la valentía o el valor tienen forzosamente atributos llamados «masculinos» (ejem, ejem...). También hay mujeres que tienen testículos (sí, hablo de algunas mujeres trans...). Para ellas, estas frases son terribles e incluso muchas veces no se las considera como seres humanos. ¿Por qué? Porque una persona que tiene pene pero que se viste como una mujer insulta al género masculino. O si no, será el que tiene el disfraz más gracioso de la fiesta de disfraces.

¡La feminidad no es una cosa de perdedores, joder! Ay, sí, a veces me cabreo... ¿Tienes un pene? Pues entonces tienes derecho a llorar, a vestirte de rosa y a llevar vestidos, a no empalmarte o a ser una mujer. Y en fin, que tienes derecho a que te importe tres cojones lo que el patriarcado te pide que seas.

Lo que vemos por fuera

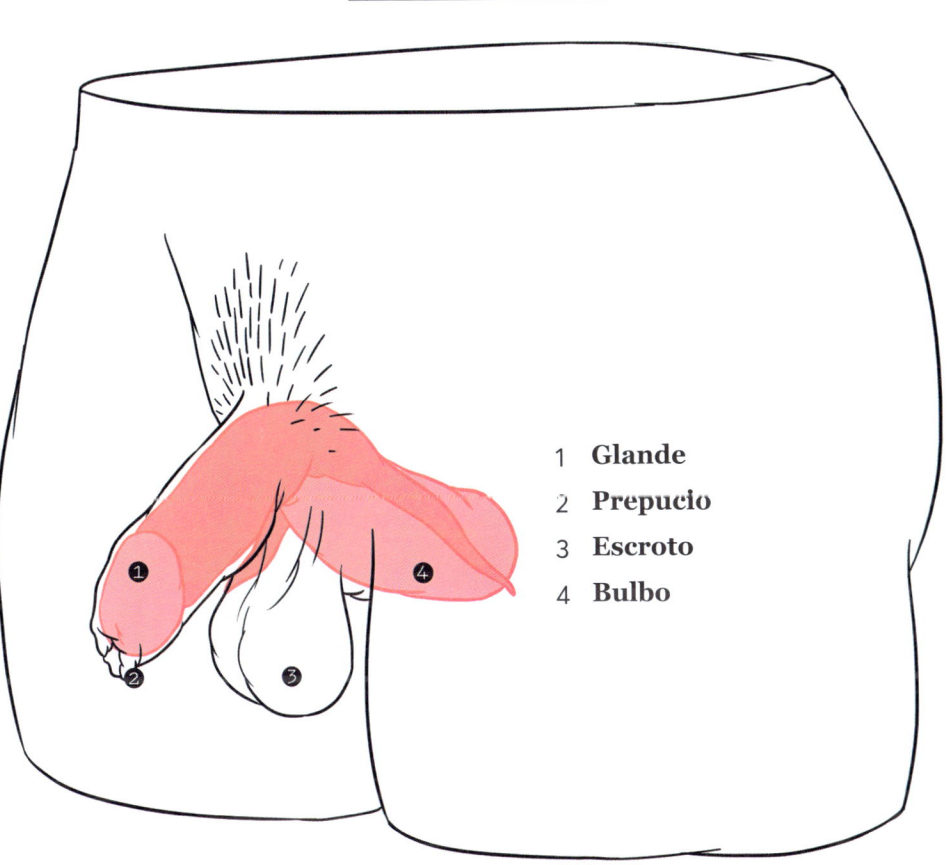

1 Glande
2 Prepucio
3 Escroto
4 Bulbo

Lo que se esconde por dentro

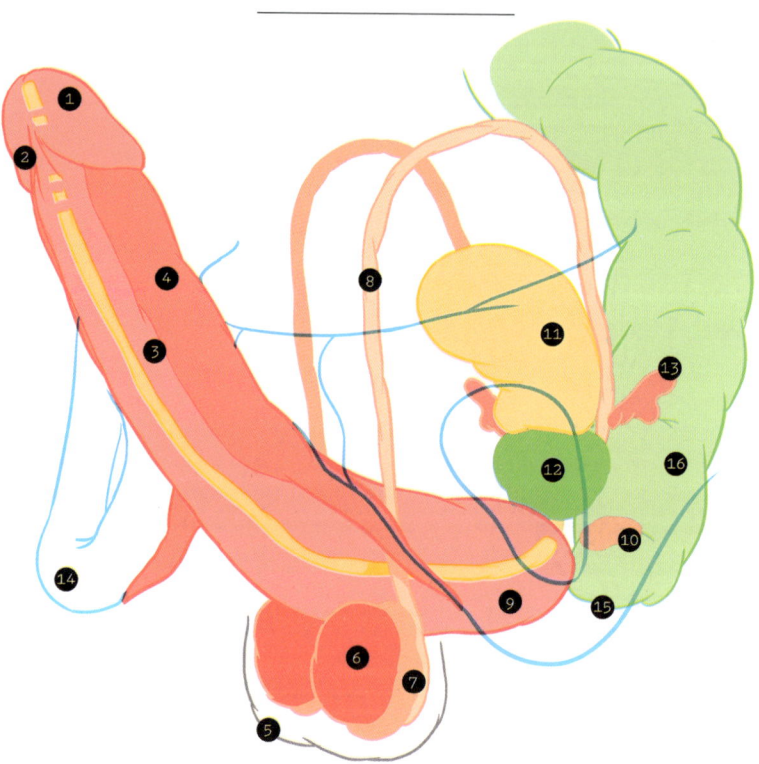

❶ El glande
Protegido por el prepucio cuando el pene está en reposo. Para quienes tienen una circuncisión, el glande está descubierto incluso en reposo.

❷ El frenillo
Trozo de piel que une la base del prepucio con el glande.

❸ El cuerpo esponjoso
Situado bajo los cuerpos cavernosos, es el compartimento del pene que contiene la uretra. El cuerpo esponjoso posee dos «protuberancias» en sus extremidades: el glande por delante y el bulbo por detrás.

④ Los cuerpos cavernosos

Situados por encima del pene, en su parte externa y un poco en el interior del cuerpo. Al igual que el clítoris, se separan para formar las raíces del pene, que están fijados a la pelvis.

⑤ Las bolsas escrotales

Homólogas de los labios mayores, se trata de las bolsitas que contienen los testículos (¡y que conservan tus pelotas al fresco!).

¿SABÍAS QUE...?

Esta costura en la piel de tus pelotas se llama el «rafe». Es un vestigio de lo que podría haber sido el borde de tus labios mayores si hubieras nacido con vulva. Te quedas de piedra, ¿eh?

---

⑥ Los testículos

Todos conocemos a alguien que conoce a alguien que tiene tres.

⑦ Los epidídimos

Acoplados a los testículos, aseguran la maduración de los espermatozoides, y transportan a esos pequeñajos hasta los conductos deferentes.

⑧ Los conductos deferentes

Es el túnel de los espermatozoides. Es su contenido y una pequeña parte del de los epidídimos que se expulsará hacia la uretra prostática en el momento de la eyaculación.

⑨ El bulbo

Parte abultada del cuerpo esponjoso, escondida dentro del cuerpo, bajo la piel que va desde el escroto hasta el ano. Es el homólogo de los bulbos del vestíbulo (o bulbos del clítoris). ¡Esta parte no es el perineo, ojo!

❿ Las glándulas bulbouretrales (llamadas de Cowper)
Son las homólogas de las glándulas vestibulares mayores (glándulas de Bartolino, ya sabes, las que fabrican lubricante). Aquí lo llamamos «líquido preseminal» (o pre-eyaculatorio), pero en realidad es un fluido lubricante que puede salir por simple excitación sexual.

⓫ La vejiga
Whatever.

⓬ La próstata
Del tamaño de una nuez, produce un líquido fluidificante componente del esperma.

⓭ Las vesículas seminales
Segregan un líquido que forma la mayor parte del esperma. Se activan justo antes de la eyaculación.

⓮ La pelvis
Estupenda para bailar la macarena.

⓯ El ano
Rima con marrano, pero no tiene nada que ver.

⓰ El recto
No, no sirve solo para hacer caca.

⓱ El perineo
Conjunto de músculos muy prácticos que sirven para un montón de cosas, por ejemplo para aumentar la dureza de la erección. Está muy entrenado entre los adeptos al sexo tántrico. Si lo contraes, puedes sentir cosas hasta ahora insospechadas.

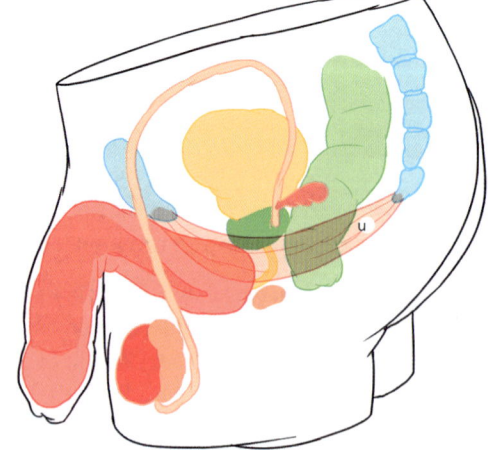

LA VENA DORSAL

¿Y si te cortaran la polla, cómo sería?

Es broma, eeeh...

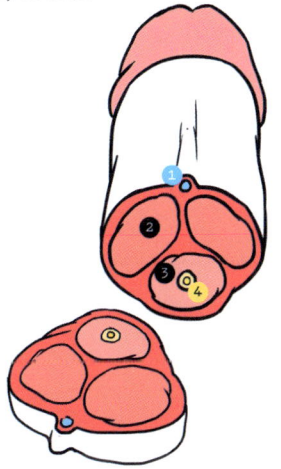

1. **La vena dorsal**
2. **Los cuerpos cavernosos**
3. **El cuerpo esponjoso**
4. **La uretra**

¿No consigues empalmarte? La vena dorsal puede ayudarte a recuperar tu erección. Basta con apretarla lo bastante fuerte como para cortar la circulación: la sangre no tendrá por dónde salir, así que hinchará tu pene. Y ya está, acero puro.

También puedes comprarte un cock-ring, puede funcionarte para evitar malentendidos.

Todo, todo, lo sabrás todo...

EL LÍQUIDO PRESEMINAL

Este líquido es segregado por las gándulas bulbouretrales (de Cowper) bajo el efecto de la excitación sexual. Es un poco un homólogo de la ciprina; de hecho, su papel es prácticamente el mismo ya que sirve como lubricante natural, y por lo tanto para facilitar la penetración, pero también, de manera accesoria, para limpiar la uretra de cualquier rastro de orina.

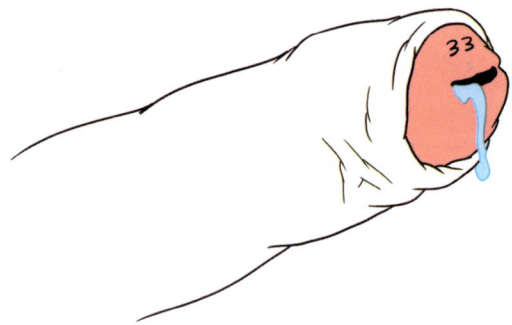

Transparente, puede ser más o menos abundante según la persona.

No tendría por qué contener espermatozoides, pero a veces sucede que estos pequeños cabroncetes se esconden en la uretra y vienen a mezclarse con el líquido preseminal. Así que si no quieres fecundar a Cachivache, te aconsejo vivamente que orines antes de hacer el amor sin protección. Aun así, siempre habrá algún riesgo de embarazo. Mala pata.

HUEVOS BLANDOS VERSUS HUEVOS DUROS

Tu escroto sirve para conservar tus testículos a una temperatura ligeramente inferior al del resto del cuerpo, de modo que se favorezca la producción de espermatozoides. Ay sí, son unas divas, y exigen permanecer siempre a una temperatura ambiente de 34 °C. Para ello, la piel de tus huevos (*aka* el escroto) se afloja y se aleja de tu cuerpo cuando hace calor, o se retrae para calentarse cerca de tu cuerpo cuando hace frío. La naturaleza está bien hecha, ¿no?

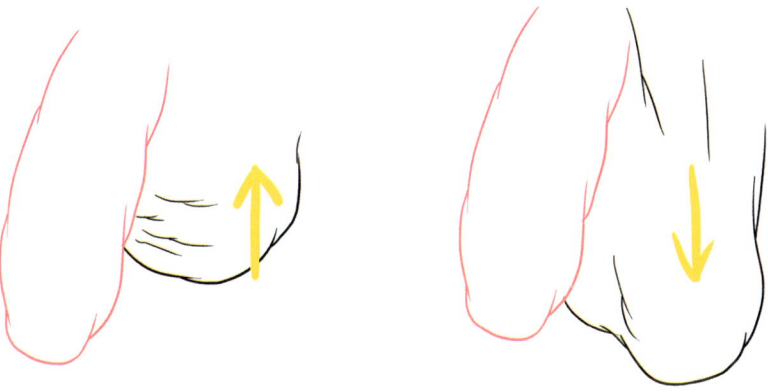

¿SABÍAS QUE...?

Seguro que sabías que se puede calificar a una mujer como «ninfómana» cuando esta tiene grandes inclinaciones hacia el folleteo. Es un término que se extendió rápidamente y que se ha usado inoportunamente, con frecuencia de manera peyorativa.

¿Pero conoces el equivalente masculino? Estoy segura de que no, lo que es normal porque un hombre al que le gusta mucho el sexo es simplemente... un hombre. No, en realidad, la hipersexualidad masculina sí tiene un nombre: se denomina «satiriasis». Hala, ya he tenido mi momento «¡yo te acuso, oh patriarcado!».

EL ESPERMA

El esperma está compuesto por la mezcla de los espermatozoides contenidos en el tallo de los epidídimos y los canales deferentes, junto con las secreciones de las vesículas seminales, de la próstata y de las glándulas bulbouretrales. En fin, un auténtico caos. Pero quizás te aclares más con este bonito dibujo:

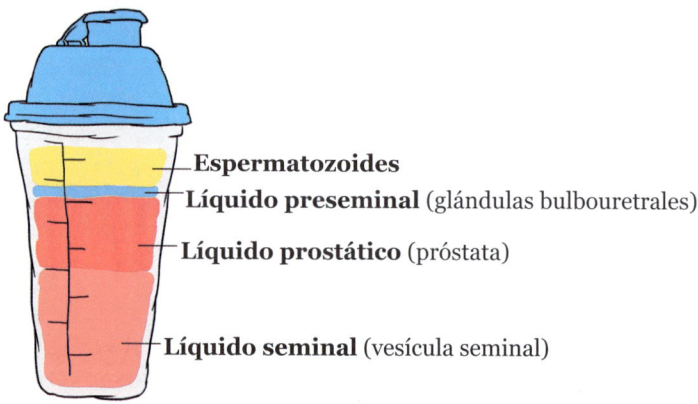

Espermatozoides
Líquido preseminal (glándulas bulbouretrales)
Líquido prostático (próstata)
Líquido seminal (vesícula seminal)

Aparte de su papel reproductor, se le atribuyen todo tipo de virtudes al esperma. ¿Mito o realidad? Quizás nunca lo sepamos...

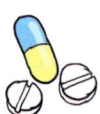

Antidepresivo

Según ciertos estudios, el esperma sería un antidepresivo natural. Después de una relación sexual no protegida y por cualquier orificio, este simpático líquido liberaría serotonina y melatonina, conocidas por regular la ansiedad.

¿Estás un poco plof? Ya sabes qué tienes que hacer... ¡Un buen vaso de esperma y a la carga de nuevo!

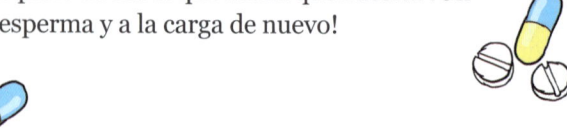

Antiedad

El esperma contiene espermidina, una sustancia conocida por luchar contra el envejecimiento de las células. Se dice que resulta excelente tanto para el cabello como para la piel, aplicado en una mascarilla o en bukake. Pues sí, nos arruinamos comprando cremas carísimas, cuando tenemos esto en casa. ¡Vincent Mc Doom ya lo dijo, y nosotres, pobres loques, nos reímos en su cara!

PARA TI EL HONOR

Ya te estoy viendo venir, hinchado como un pavo, intentando convencer a Ente-Cosa de que lo ingiera... A ver, no vale simplemente con que algo sea bueno para la salud para que la gente esté dispuesta a usarlo, como pasa con el aceite de hígado de bacalao o con el embadurnarse de baba de caracol. Pues lo mismo con el esperma. Tómate tú un chupito y lo volvemos a hablar, tronco.

CIRCUNCISIÓN Y SENSIBILIDAD DEL CIPOTE

A veces sucede que el prepucio, incluso en la edad adulta, tiene dificultades para retraerse y no consigue pasar la barrera del glande, incluso en estado de erección, lo que conlleva ciertas molestias durante la relación e incluso dolores. A esto se le llama «fimosis». Si este es tu caso, lo primero que tienes que hacer es ir a consultarlo. El/la médico/a será quien te indique si en tu caso tienes que hacerte una circuncisión o una prepucioplastia (alternativa a la circuncisión que permite conservar el prepucio). ¡Pero que no cunda el pánico! Todas las personas que han sido circuncidadas a una edad tardía por lo menos han podido responder a la pregunta que siempre nos hacemos al respecto... «pero no debes sentir mucho así, ¿no?».

A priori no existen reglas al respecto. Algunas personas dicen que su sensibilidad ha disminuido; otras, que es mayor que antes; un tercer grupo comenta que es todo igual que antes; y por último, un cuarto grupo se queja de dolores a causa del frotamiento (pero este último grupo es más raro). En cualquier caso, en la gran mayoría de los casos no se han traumatizado por este cambio, y la cosa más bien funciona.

Lo que sí es común notar es que suele hacer falta lubricante con más frecuencia después de la circuncisión.

¡Alto ahí!

LA ANTICONCEPCIÓN, ¿ES PARA LOS CHOCHOS?

Los métodos anticonceptivos destinados a las personas nacidas con vulva no tienen ya mucha popularidad a causa de sus efectos secundarios. De manera natural, hay que hacer constar a las personas nacidas con pene que también tienen esa responsabilidad. Es que es verdad, ¡los anticonceptivos son cosa de todo el mundo!

¿Pero cuáles son las opciones?

La solución que ya ha probado más que de sobra sus méritos es por supuesto el llevar preservativo. Es práctico, protege también de las enfermedades potenciales, ¿sabes?

La píldora aún está testándose y no se encuentra a punto en este momento. Y es posible que no llegue ni a comercializarse a causa de la falta de interés de los hombres en dicho producto... En fin...

El calzoncillo anticonceptivo (o slip térmico) es un invento genial. Sube los huevos para que se acerquen al cuerpo de modo que su temperatura aumente a 36 o 37 °C, con lo que se regula el problema de los espermatozoides. Se lleva todo el tiempo; incluso si, el primer día, puede parecer extraño, es fácil acostumbrarse, es parecido a un sujetador, en realidad. Simplemente hay que dejar de llevarlo cuando Ente-Cosa y tú queráis tener un bebé. En fin, el problema aquí es que aún no está muy visto y que, una vez más, a todo el mundo se la pela. No dudes en preguntarle a tu médico/a si puede prescribírtelos, incluso si parece que apenas hay profesionales que sepan de su existencia por el momento...

Más información en
https://www.jemaya-innovations.com/es/

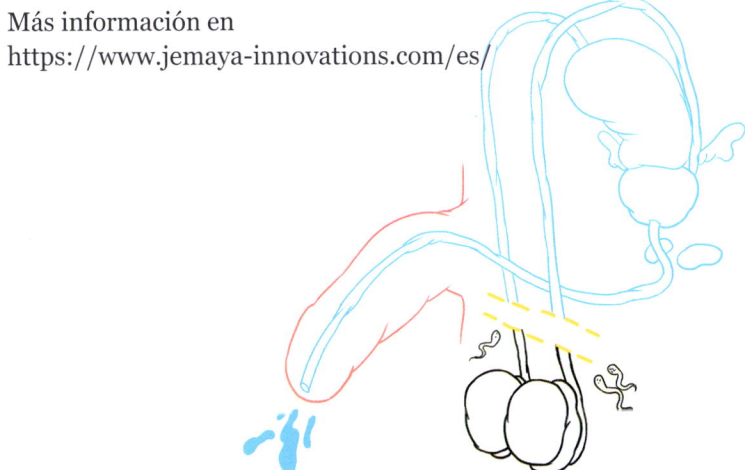

Y por supuesto, está la vasectomía, que se realizan generalmente las personas que están seguras de que no quieren tener descendencia o que ya la han tenido. La vasectomía consiste en anudar los canales deferentes para que los espermatozoides no puedan subir hasta donde ya sabes. Un pelín de anestesia local y pum, en apenas diez minutos ya lo tienes, sin dolor y sin ningún efecto en tus erecciones futuras. Además, a las malas puedes congelar tu esperma en un laboratorio autorizado. ¡Tu semilla podrá conservarse ahí entre treinta y treinta y cinco años!

Y bueno, también puedes pedirle a tu médico/a que te practique un «espermograma». Se trata de un examen que evalúa tu fertilidad. Puede ser de ayuda.

Todo esto para decirte que realmente no hay ningún método anticonceptivo lo suficientemente desarrollado o juzgado como «sin riesgos» más allá del preservativo, así que seguirás sin duda escaqueándote en toda esta historia. A ver si cambia de una vez...

PROTEGERSE DE LAS ITS (INFECCIONES DE TRANSMISIÓN SEXUAL)

(Ponerse un condón sin perder la erección es perfectamente posible)

Pequeños recordatorios útiles para prevenir las ITS:

– Resulta imperativo ponerse un preservativo, sea cual sea tu orientación sexual.

– Es importante estar al día con el calendario de vacunación.

– Si te metes una pajita en la nariz o una aguja en el brazo, por favor verifica que nadie la(s) haya usado antes.

Sois muchas las personas a quienes no les gustan los preservativos externos a causa de la pérdida de la erección o de que las sensaciones disminuyen (lo que no es una razón suficientemente justificada para arriesgarte a pillar o a pasar una ITS). Sin embargo, resultan indispensables para protegerse de posibles enfermedades, son de los mejores métodos anticonceptivos existentes y todas tus conquistas apreciarán que dejes de gruñir por tener que ponértelo.

Si los condones no te resultan cómodos quizás es porque no estés usando la talla correcta. El preservativo tiene que estar bien ajustado al pene. Para saber si estás usando la talla correcta, tienes que poder desenrollarlo con facilidad entre los dedos pulgar e índice. Si hace arrugas es que es demasiado grande para ti.

La longitud de tu pene no tiene mucho que ver (o muy poco) con la elección de la talla, es más bien la circunferencia lo que hay que tener en cuenta, ya que con un preservativo muy apretado nos arriesgamos a perder la erección, mientras que con uno muy grande, puede rasgarse o deslizarse y quedarse dentro de quien sea. En cualquier caso, eres tú quien debe comprar tus condones ya que tu pareja no puede adivinar tu talla.

Para hacerte con un preservativo perfectamente ajustado, encontrarás en internet un montón de opciones. Es como ir a un sastre a medida, te puedo asegurar que constituye una gran diferencia en cuanto a la sensación.

Algunos minoristas o marcas proponen un pequeño simulador para elegir la talla perfecta. Hay para todos los gustos, incluso para quienes tienen alergia al látex.

Si solo tienes posibilidad de comprar en un supermercado o en una farmacia, la elección será más limitada, ya que únicamente existen tres tallas (S, M y L). Encima no se han puesto todas las marcas de acuerdo para que las tallas sean estándar. Y para volverlo aún más complicado, en este caso es la longitud del preservativo lo que se tiene en cuenta y no la circunferencia o el diámetro del pene (lo que sería más simple de calcular). En fin, es un rollo patatero y es normal que todo el mundo se desanime al intentar encontrar la talla correcta. Como ves, los preservativos de las tiendas no serán a medida, pero tienen la ventaja de sacarte de un apuro. Mira bien en el paquete: la longitud siempre está puesta, aunque se encuentre algo escondida.

Para conocer qué talla te va mejor, basta con medir con un metro de costura o un hilo la circunferencia de tu pene en erección (a mitad de este, no el glande).

¡Y ya está! No tienes más que mirar la tabla de la página siguiente para conocer la longitud prevista (aproximada) que tendrás que elegir en la tienda.

En cuanto al sexo anal, el preservativo interno también puede servirte. Puedes comprarlo preguntándole a tu médico/a, acudiendo a planificación familiar (gratis), en un sex-shop o en internet.

Para los anilingus con total seguridad, las barreras bucales son un excelente medio de protegerse. También estas podemos encontrarlas en planificación familiar, en un sex-shop o en internet. Igualmente puedes usar un preservativo externo para fabricar una barrera bucal si no tienes una a mano.

Por último, los guantes de látex, además de ser negros y *cools*, resultan perfectos para hacer dedos y *fists* de manera totalmente higiénica. Puedes conseguirlos en los sex-shops, en las farmacias, en Internet o en cualquier tienda de bricolaje (¡ajajaja! ¡sí!).

SALUDA A TU SEXO

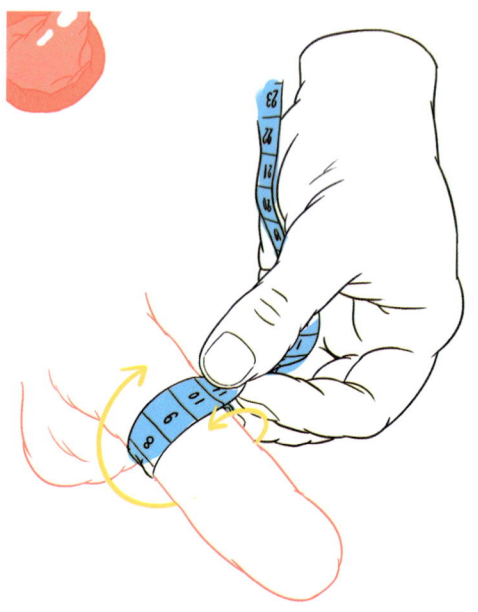

CIRCUNFERENCIA (mm)	LONGITUD (mm)
< 102	45-47
103-114	48-49
115-119	50-51
120-124	50-51
125-130	53-54
131-140	55-58
141-147	58-60
148-155	60-64
> 155	64-69

¿Algún problema?
¡No hay problema!

PROBLEMAS DE ERECCIÓN, DE EYACULACIÓN PRECOZ O TARDÍA...

Para empezar, es importante hablar con tu médico/a sobre esto para asegurarte de que no se trata de algo físico. Será así capaz de determinar directamente si hay un problema, y de prescribirte un tratamiento adaptado a ti. Un/a kinesiólogo/a especialista puede ayudarte igualmente a entrenar tu suelo pélvico.

Si parece que la cosa sea más bien psicológica, entonces este capítulo es para ti. Seguramente ya te hayan machacado con que, para darle placer a tu pareja, hay que ser muy eficaz, tenerla muy dura y follar durante mínimo unos veinte minutos largos... ¡Pero la duración media de un coito está entre los 2 y los 10 minutos! Por debajo de dos minutos, efectivamente, eres precoz. Por encima de 10 minutos, es un bonus. Y cuando ya empieza a hacer daño, es que dura demasiado.

También se les ha repetido demasiadas veces a las vulvas que la penetración es el santo grial y que una pareja que no se empalma es probablemente porque ya no nos desee. ¡Menuda presión! No es de extrañar que tantas personas desarrollen traumas relacionados con sus penes...

También nos han repetido miles de veces que todas las personas nacidas con una vulva podían llegar al orgasmo gracias al pene. Esto es falso y súper falso para la gran mayoría de entre ellas. El orgasmo por penetración existe, pero es una situación excepcional. Ya con esto la presión debería bajarte.

De hecho, un/a amante como tú incluso podría buscarse mucho. En efecto, el hecho de no poder usar el pene como un actor porno deja mucho espacio para la creatividad. Tus manos pueden realizar una infinidad de movimientos que ni todos los penes del mundo podrán jamás imitar. Y además es excitante ver cómo otras personas experimentan placer gracias a ti, ¿verdad? A mí me pone caliente...

Que sí, que vale, que quieres poder usar tu polla, lo entiendo. Vamos a ello.

En una encuesta que hice, las personas participantes que consiguieron solucionar su problema me escribieron prácticamente lo mismo. Atención, siéntate, vas a alucinar... Se trataba de personas que sentían mucha presión en conseguir que sus parejas sintieran placer... ¡y finalmente acabaron comunicándose con su pareja!

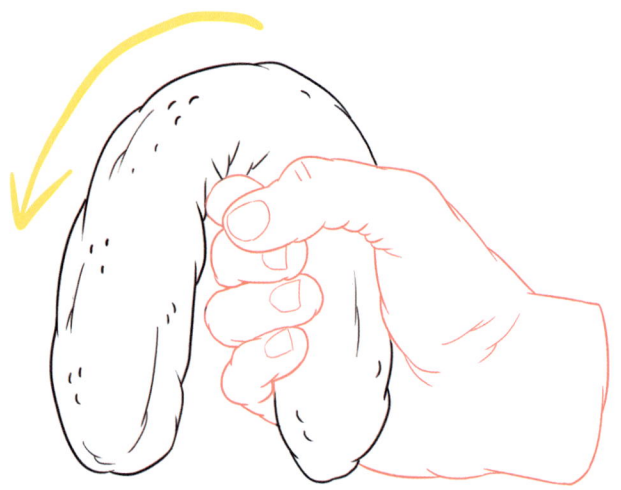

Sin querer ser exhaustiva, he aquí unas pocas pistas para explorar y empezar a resolver tus problemas de erección:

– El hecho de ponerle nombre a las cosas, de averiguar de dónde viene el problema, de que te tranquilicen y de que sientas que tu pareja te escucha ha conseguido desbloquear a un montón de gente. Claro, para eso hace falta que la pareja sea comprensiva y esté dispuesta a escuchar.

– Ir a ver a un/a psi/sexólogo/a también puede ser una solución estupenda. La medicina china, como la acupuntura o la reflexología, también pueden ser de ayuda.

– Igualmente ocurre que algunos problemas de erección vienen del hecho de abusar del porno. Esto condiciona a tu cerebro a excitarse delante de una situación «extraordinaria» y, cuando te encuentras en una situación «ordinaria» con una persona «ordinaria», tu cabeza automáticamente se decepciona y tu sexo detrás. Si es tu caso, quizás sería el momento de dejar por un tiempo de ver pelis porno para concentrarte más en la realidad. Nada te impide volver a verlas cuando consigas controlar tus erecciones.

– No dudes en cambiar de posición si sientes que te vas a correr. Bloquea la salida del esperma comprimiendo la base de tu pene bastante fuerte. Puedes entrenarte a sujetar la eyaculación con una vagina artificial. Las hay para todos los presupuestos.

– Haz pausas para encargarte de Ente-Cosa. ¿Por qué no conseguir que la otra persona orgasmee antes que tú con tus manos o tu boca, para eliminar la presión de dar placer a toda costa? Y pídele que se encargue de tu cuerpo, que es una zona erógena demasiado desatendida, de ese modo bajará la presión a nivel de tu pene.

– A veces, la pareja produce un estrés incontrolable en el momento del coito. Aquí la idea es de hablar con la persona en cuestión, o incluso de cambiar de pareja para vivir una relación menos tóxica.

– Si la eyaculación no llega, piensa en cosas que te exciten. Nadie tiene por qué saber que tu cabeza está en otro lado, y además tampoco es grave pensar en otra cosa en plan ayudita. ¡Muchísima gente lo hace!

– El uso de drogas o alcohol pueden ser un freno a tu sexualidad, piensa en disminuir o en abandonar su consumo si este te parece excesivo.

Con lo que te tienes que quedar, en realidad, es que a tus parejas no les importa demasiado si puedes penetrarlas o no, mientras seas capaz de darles placer de otra manera. Para eso están los consejos de este libro.

Hacemos
el amor
con
las manos.

EYACULAR NO ES TENER UN ORGASMO, Y VICEVERSA

Olvidamos con demasiada frecuencia que la eyaculación (para ambos sexos) no siempre está ligada a un orgasmo. En efecto, el orgasmo necesita una cierta condición mental, un dejarse ir... Sin embargo, la eyaculación es mecánica. ¿Menganite no consigue eyacular?

No es grave... no quiere decir que no haya sentido placer ni que no se haya corrido.

¡Sí, es posible correrse sin eyacular!

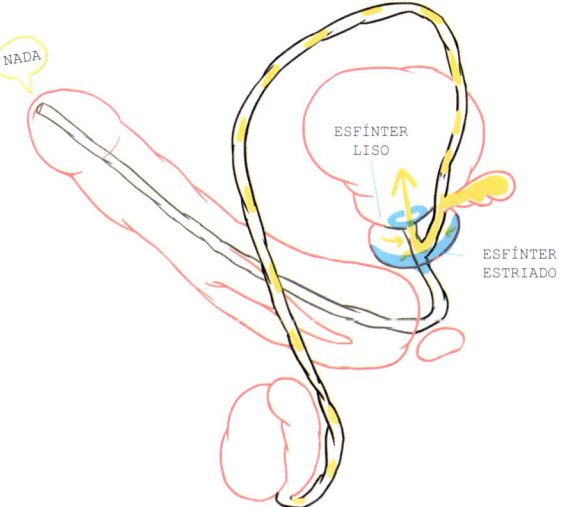

Esto se llama «eyaculación retrógrada», lo que quiere decir que el esperma, puesto bajo presión en la parte de la uretra que atraviesa la próstata entre el esfínter interno (del lado de la vejiga, que impide que la orina se mezcle) y el esfínter externo (parte de salida de la próstata), sube hacia la vejiga en el momento de la eyaculación porque el esfínter externo está cerrado y el interno se abre. Así que la expulsión del esperma se hará de manera natural en el cuarto de baño en el momento de orinar.

También existe una técnica denominada «inyaculación», que consiste en comprimir el bulbo del pene (zona abombada entre el escroto y el ano) en el momento del orgasmo para bloquear la salida del esperma. Esto permitiría a Cachivache tener orgasmos múltiples cercanos entre sí e intensificarlos... Busca en Internet para saber un poco más, a ver si te interesa el tema.

Conócete

LA AUTOEXPLORACIÓN DEL PENE PERO NO SOLO ESO

¿Hace mucho que no sales de tu zona de confort? Todas las personas tenemos nuestras costumbres y pequeñas manías y es muy difícil de deshacerse de ellas una vez hemos encontrado qué nos hace bien. El problema es que la monotonía puede instalarse con rapidez y la pequeña felicidad de masturbarse que tanto nos gusta se arriesga a convertirse algún día en algo mecánico y soso. Siempre ver el mismo tipo de pelis porno, follar o tocarse del mismo modo, etc., es como comer el mismo plato todos los días, es una mierda.

Lo que te propongo es que empieces creando un ambiente con el que te sientas a gusto: velas, música, un vídeo de ASMR o 48 horas de cantos de chicharras… O quizás nada. Simplemente instálate cómodamente.

1- Lo primero de todo, si tienes enganche con el porno y está empezando a afectar a tu vida sexual, no puedo más que aconsejarte que bajes un poco su consumo o que cambies de escenario. Teclea palabras nuevas en la barra de búsqueda, intenta encontrar una nueva fantasía. La sexualidad está destinada a evolucionar y lo que nos gusta con 16 años no tiene nada que ver con lo que practicamos a los 40. A veces, es suficiente con salir de las costumbres para darnos cuenta de que nuestros deseos han cambiado. No tengas miedo ni vergüenza de la nueva cosa que te excita, porque la verdad es que todas las personas tenemos fantasías sexuales inconfesables. Algunas necesitan experimentarlas en la vida real, otras preferirán guardarlas como ayuda para gozar, eso ya es cosa tuya.

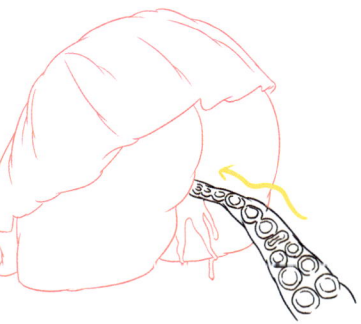

2- Empieza por tocarte la punta del glande, y después ve bajando progresivamente y cuidando de no olvidarte de ninguna parte de tus genitales. Notarás cómo algunas zonas son más sensibles que otras.

Tómate tu tiempo para acariciarte de otro modo, más suavemente, quizás acariciándote también el cuerpo, los pezones o lo que te apetezca… No dudes en mostrar creatividad, y en alternar los movimientos, los ritmos y en cambiar de «herramientas» (por ejemplo, una pluma, un vibrador, flores de sal… —es broma, no hagas eso—), etc.

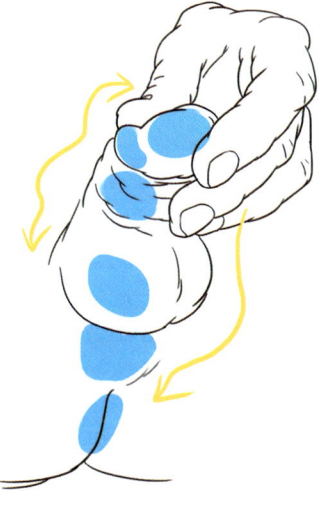

Intenta encontrar todas tus zonas de placer, una por una, y no tengas miedo de llegar a sitios donde jamás te atreverías a meter los dedos. Sí, pienso en tu culo. Estás en completa soledad y nadie te mira. Puedes comenzar acariciando tu ano y, una vez en estado de relax, intentar introducir un dedo o un mini dildo (existen de tamaño pintalabios que son perfectos para anos principiantes).

También tenemos derecho a no sentir atracción por estas prácticas y nadie te fuerza a intentarlo, pero si lo haces porque tienes miedo de poner en duda tu «masculinidad», entonces déjame decirte que estás metiendo el dedo en el... ojo. No es para nada un placer reservado a los homosexuales y a las mujeres, tampoco se trata de un asunto de «sumisión». Sácate esas horribles ideas de la cabeza y métete los dedos por el culo (cuánto humor...).

3- Si no tienes ganas de hacer esto en soledad, también puedes hablarlo con tu pareja que estará, estoy segura, encantada de acompañarte en esta nueva experiencia. Pregúntate y empieza por averiguar todo lo que te excita, tus fantasías, tus aprensiones, tus deseos, etc. Hazlo de modo que sea un auténtico intercambio y sin ningún juicio. Si Ente-Cosa o tú no os sentís en disposición de satisfacer la fantasía del otro, decidlo. No hay que forzarse. Esto tampoco quiere decir que la experiencia esté en un punto muerto. La sexualidad siempre termina evolucionando, ¿recuerdas? Bueno, a lo que íbamos. Pídele que te toque y hazle de guía para intentar cosas nuevas. Tampoco tenéis la obligación de concentraros en tus genitales. También podéis intentar encontrar cuáles son tus zonas erógenas practicando caricias, rascados, rasguños, de la cabeza a los pies. Este momento puede ser una etapa importante en vuestra pareja y esta complicidad sin duda alguna os acercará.

¡NO IMPORTA LA TALLA!

Bueno, un poco sí, porque hay un roto para cada descosido. Una polla muy gorda no le vendrá bien a todo el mundo y una pequeña puede constituir un criterio de selección para algunas personas. Y también está la cosa de saber admitir que nuestros genitales no son compatibles si hay dolor, o si no sentimos absolutamente nada. Tampoco tienes que desanimarte por una incompatibilidad, no quiere decir que tu vida sexual haya terminado.

En efecto, la talla no tiene nada que ver con el hecho de ser un/a buen/a amante, lo que importa es la manera como se usa (o no), la creatividad, la capacidad de escucha, la imaginación, las manos y la lengua que, manejadas con destreza, conseguirán que eches un buen polvo.

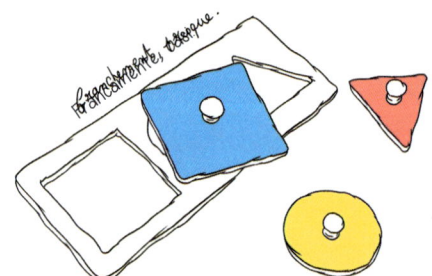

SOIS ANIMALES

En el Kama Sutra, las tallas de los genitales se corresponden con un animal. Existen tres grandes categorías que van de lo más pequeño a lo más grande, y cada combinación es más o menos compatible. Por ejemplo, puede ser que una cierva viva bastante mal una experiencia con un caballo. Explicación para Cachivache: tu categoría depende de la longitud de tu vagina así como de su estrechez.

Cierva:	**Yegua:**	**Elefanta:**
hasta 9 cm	10 a 12 cm	+ de 12 cm

Para Menganite: es igual, aunque tengo la sensación de que no se ha tenido en cuenta tu circunferencia.

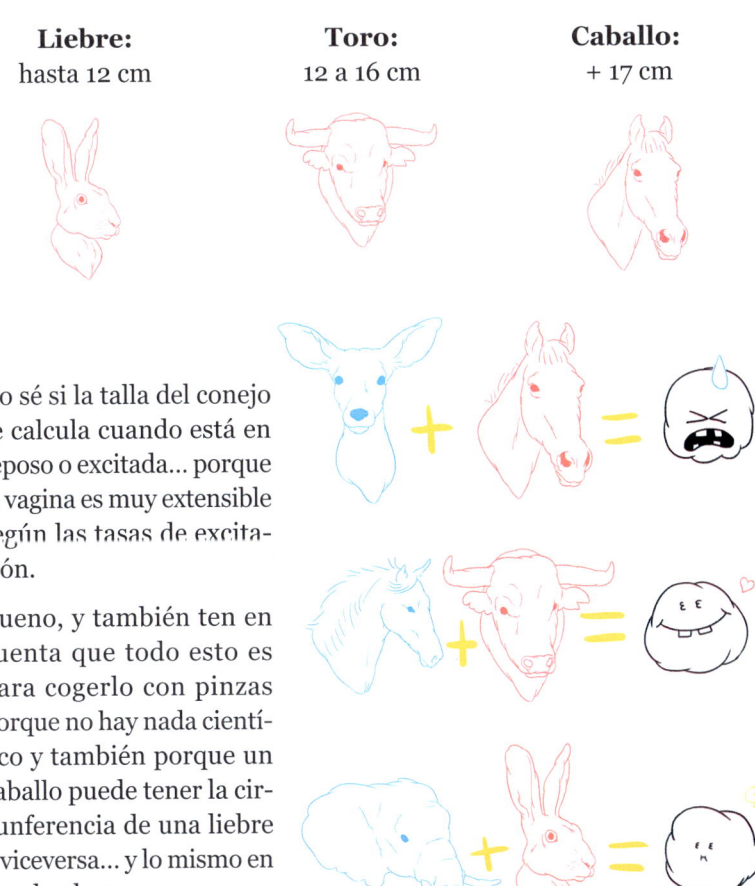

Liebre: hasta 12 cm

Toro: 12 a 16 cm

Caballo: + 17 cm

No sé si la talla del conejo se calcula cuando está en reposo o excitada... porque la vagina es muy extensible según las tasas de excitación.

Bueno, y también ten en cuenta que todo esto es para cogerlo con pinzas porque no hay nada científico y también porque un caballo puede tener la circunferencia de una liebre y viceversa... y lo mismo en los chochos...

Nadie te follará tan bien como aquella persona que experimenta placer en hacerte gozar.

Bueno, ¿follamos o qué?

CARTOGRAFÍA DE LAS ZONAS DE PLACER Y CONSEJOS ILUSTRADOS

¡Estoy súper nerviosa de que hayas llegado a este capítulo! Porque aquí se trata de placer, de diversión y de creatividad. Es mi capítulo preferido porque lo he escrito con todo el sudor de mi coño. Te darás cuenta de que he vuelto a usar los esquemas anatómicos del principio, pero de una manera ligeramente distinta: las zonas en azul son las que producen placer. Claro, evidentemente no todas las personas estamos hechas del mismo modo y puede ser que una o dos zonas no te hagan absolutamente nada o incluso que una zona que te vuelve completamente majara no esté reflejada. La idea es aprender a conocer todas tus zonas de placer así como las de tu pareja para tomar conciencia de la extensión de las posibilidades en cuanto a sensaciones, movimientos y creatividad.

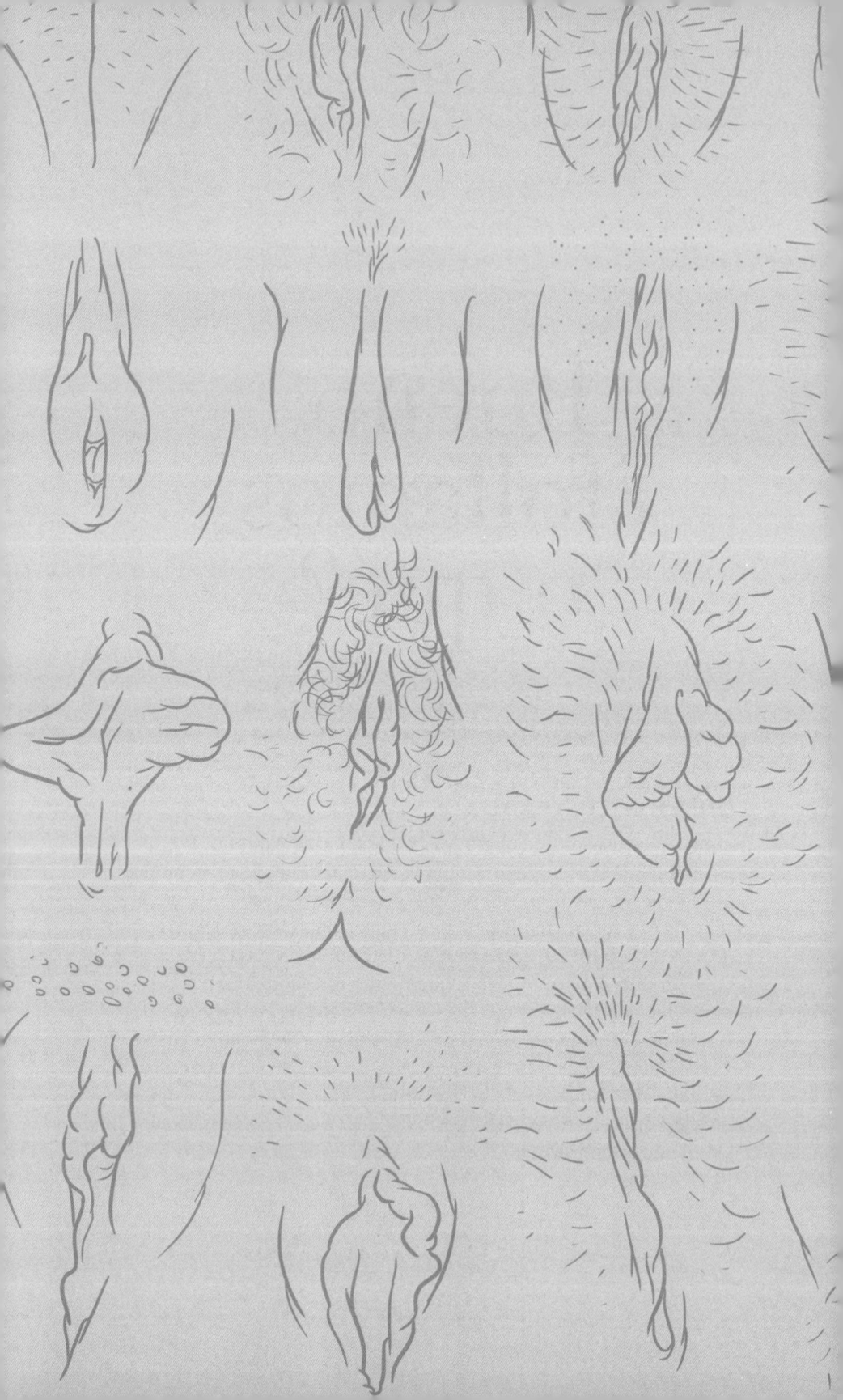

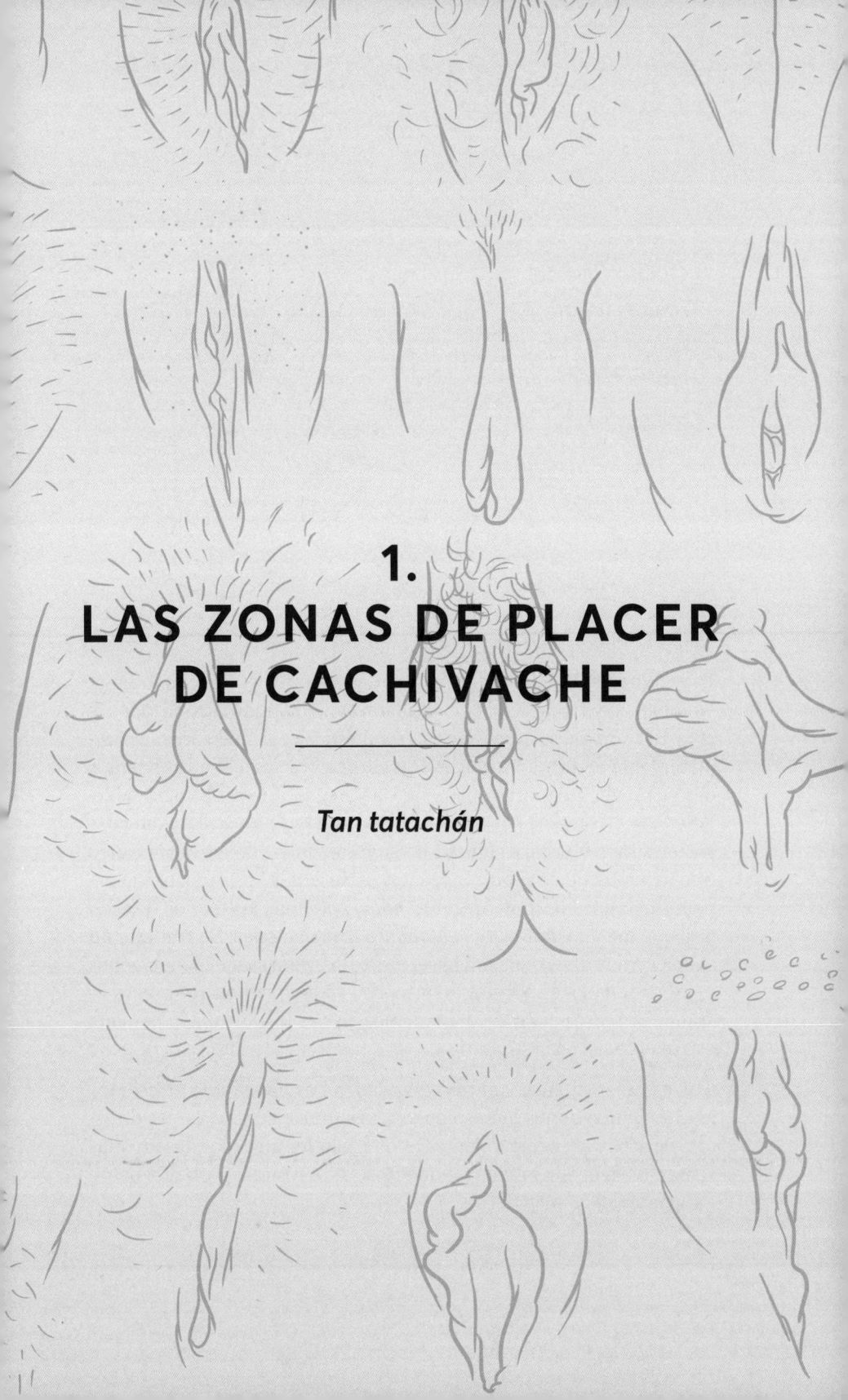

1.
LAS ZONAS DE PLACER DE CACHIVACHE

Tan tatachán

BUENO, ¿FOLLAMOS O QUÉ?

*«Quiero follarte,
Quieres follarme,
Queremos follarnos,
Huh-huh huh-huh».*

Odezenne

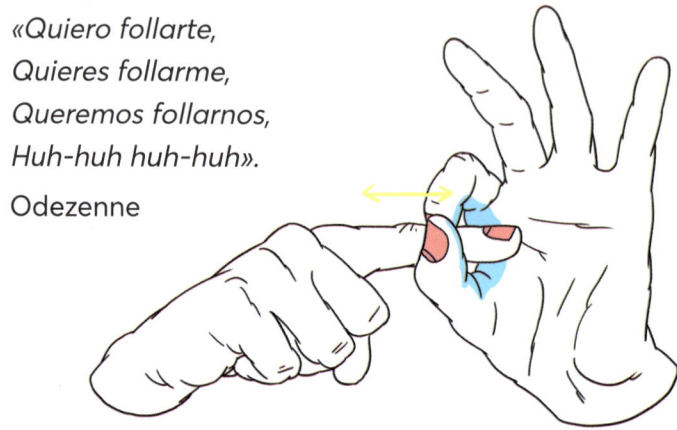

¡No existen solo la vagina y el glande del clítoris! Buscando bien, podemos identificar todo tipo de placeres. A menudo están ligados al clítoris, claro, puesto que este es, recordémoslo, el único órgano completamente dedicado al placer. Por ello, es gracias a él que podemos obtener magníficos orgasmos y que la penetración resulta agradable. Pero existen otras zonas erógenas, que pueden ser extremadamente placenteras y que para algunas personas incluso pueden llevar a otro tipo de orgasmo. Y si no conocemos estas zonas es quizás porque la penetración no permite llegar a todas y además las manos ofrecen muchas más posibilidades en cuanto a variaciones. Se trata de un ejercicio muy divertido para hacer entre dos, para saber cuántas zonas te producen placer. Y cuando tu cuerpo ya no tenga secretos para ti, entonces podrás guiar de manera más clara a la afortunada persona elegida para acostarse contigo.

Quizás no encuentres tantas como las del esquema que ofrecemos aquí y algunas zonas incluso pueden resultarte desagradables de tocar. Pero la suerte que tenemos es que, con los años, los deseos y las sensaciones evolucionan, así que tu sexo te reserva probablemente todavía muchas sorpresas.

CLÍMAX CLUB

Las 12 zonas de placer del clítoris y sus alrededores

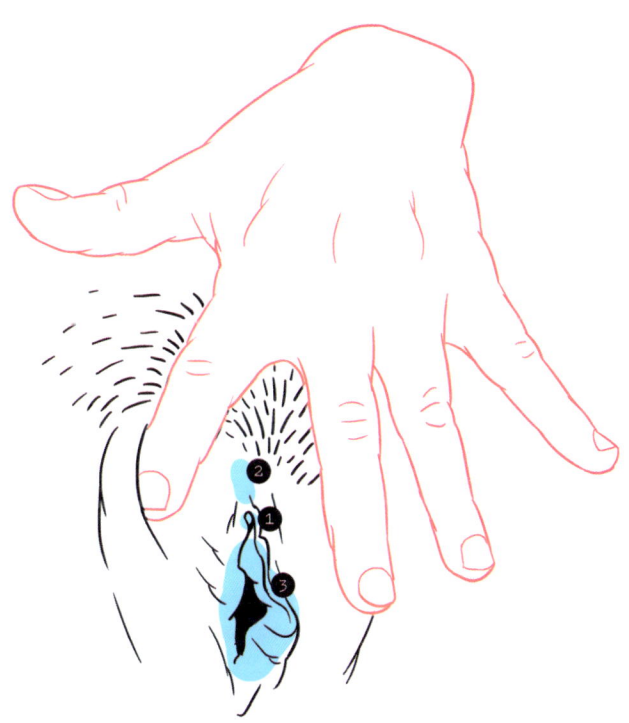

❶ El glande (estimulación externa)
El NUMBER ONE del orgasmo. Puede ser doloroso de tocar para ciertas personas, porque es muy sensible.

❷ El tallo (estimulación externa)
Forma como una pajita bajo la piel. Su grado de sensibilidad varía según la persona. Algunas prefieren que se les toque ahí en vez de en el glande por la razón expuesta más atrás.

❸ El vestíbulo y los labios menores (estimulación externa)
El vestíbulo es una zona perfecta para acariciar ya que, pasando tu dedo por ahí, vas a activar la lubricación natural de Cachivache. Mira bien el dibujo: por arriba, las glándulas de Skene (líquido eyaculatorio); por debajo, las de Bartolino (parte del lubricante natural).
En cuanto a los labios menores, también tienen una sensibilidad particular según las personas. Y además recuerda que no hay que descuidar nada. ¡NADA!

❹ La entrada de la vagina (estimulación interna)
La entrada de la vagina se acurruca entre los dos bulbos del vestíbulo y su confluencia, lo que la dota de una sensibilidad muy particular.

❺ La zona rugosa (zona G) (estimulación interna)
En realidad, no es esta zona en particular lo que nos interesa, sino más bien su localización. Se encuentra en la zona anterior de la vagina, justo al principio, y mide más o menos dos falanges. Lo que aquí se estimula es la confluencia de los pilares y de las glándulas parautretrales. La parte rugosa de esta zona sirve para darte un punto de referencia.

❻ La zona de efecto fuente / zona anterior de la vagina (estimulación interna)
Lisa al tocarla, se sitúa por encima de la zona rugosa y del hueso de la pelvis. Aquí es donde hay que estimular para conseguir las célebres emisiones de efecto fuente (*squirt*). Sabrás que has llegado cuando notes cómo tus dedos se mueven a través de la parte baja del abdomen de Cachivache. Sí, como como Sigourney en *Alien*.

CLÍMAX CLUB

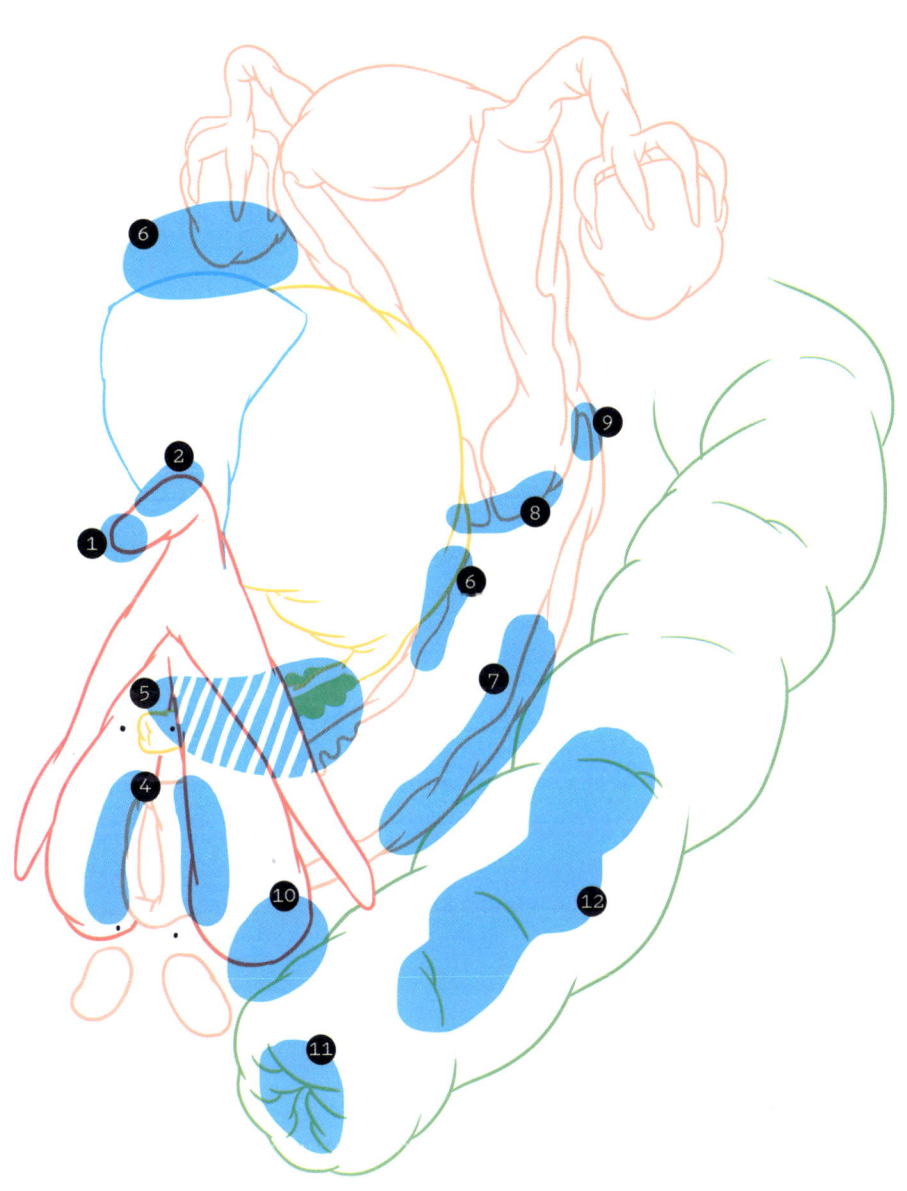

Para la zona anterior, pues bien, es lo mismo que en la zona de efecto fuente, pero sin el delirio de *Alien*. Según cómo se incline la mano o los genitales de tu pareja, necesitará vaciar la vejiga. ¿Ganas de hacer pis? Es normal, así que piensa en orinar antes para evitar esta molestia. Y si las ganas persisten, quizás es porque estés a punto de squirtear (como en las pelis).

❼ La zona posterior de la vagina (estimulación interna)
Pared fina y lisa que separa la vagina del recto. Se encuentra entre la entrada de la vagina y el cuello del útero. Es una zona muy interesante porque, cuando la usamos, da una sensación muy diferente a la de una penetración común y corriente. Me resulta difícil llegar a esta zona con un pene, salvo si este formara anormalmente en una curva de 90 grados. Con los dedos es mejor.

❽ El cuello del útero (estimulación interna)
Su estimulación se realiza mediante una penetración profunda de las manos o del pene/dildo. Puede ser algo doloroso en algunos casos (sensación de regla dolorosa), así que sé amable con esta parte, salvo si Cachivache te pide que vayas más fuerte.

❾ El cul-de-sac (estimulación interna)
Su estimulación es más bien *cool* cuando la vagina está bastante relajada y excitada. Si a Cachivache le duele, es quizás porque vas demasiado fuerte, o que tiene cierta aprensión, falta de deseo, un útero en retroversión o cualquier cosa que debería comprobar su gine.

❿ La guinda (estimulación interna)
Situada justo al principio de la vagina, por la zona posterior. Es la parte opuesta al ano.

⓫ El ano (estimulación externa)
Está genial.

⓬ El recto (estimulación interna)
Excelente.

EL CONEJO, MODO DE EMPLEO

¡Vaya técnica dactilar!
¿Tocas el piano o qué?

¿Toc toc?

Poniendo la boca como el culo de una gallina, pega tus labios contra el glande y saca la lengua para golpetear a trompicones el glande del clítoris. El ritmo que uses es cosa tuya. Imagina que eres un juguete erótico con distintas velocidades.

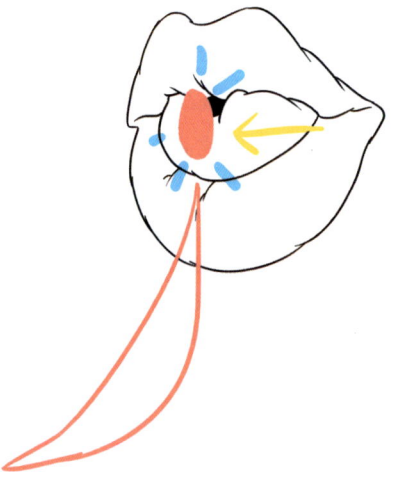

EY, NO TIENES POR QUÉ PEDIR PERDÓN SI NO TE HAS DEPILADO

Es tu cuerpo, son tus reglas. Nadie tiene derecho a decirte qué es bonito o feo, y pasamos de los demás. Si no te apetece tener que experimentar el sufrimiento de arrancarte los pelos, o si tienes ganas de seguir haciéndolo, ¡la decisión es siempre tuya!

Duck face

Si Cachivache no tiene pasta para pagarse el famoso juguetito del que todo el mundo habla (ya sabes, el aspirador de clítoris que tiene el mismo nombre que una canción de Britney. Ya sabes cuál es, piénsalo...), puedes intentar reproducir el mismo movimiento de succión con tu boca. Es fácil, empieza poniendo una *duck face* y posa esa bonita mueca alrededor de su glande. Y bueno, ahora, ¡ASPIRA! Hace un montón de ruido, como si desatascaras un fregadero, pero es estupendo. Es como cuando te chupan la polla, creo. También puedes jugar a crear corrientes de aire con tu lengua, haciéndola salir para bloquear el aire y volviéndola a meter, todo esto muy rápidamente.

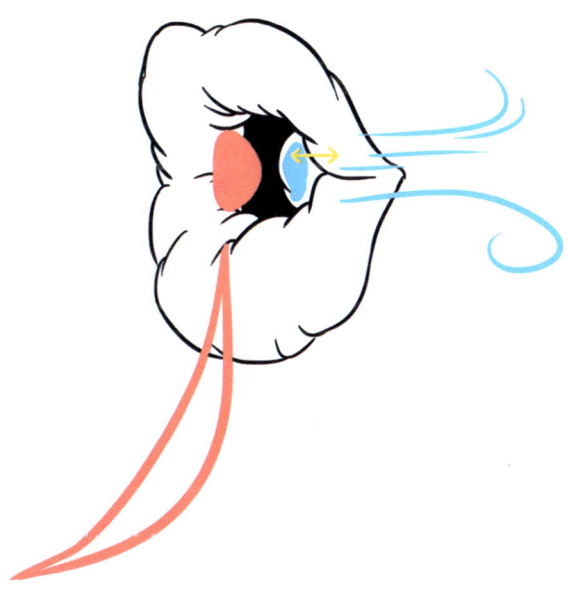

Pellizquines

Tus labios van a pellizcar el glande de Cachivache, mientras tu lengua realizará movimientos laterales sobre este: de arriba abajo, o de izquierda a derecha, como prefieras.

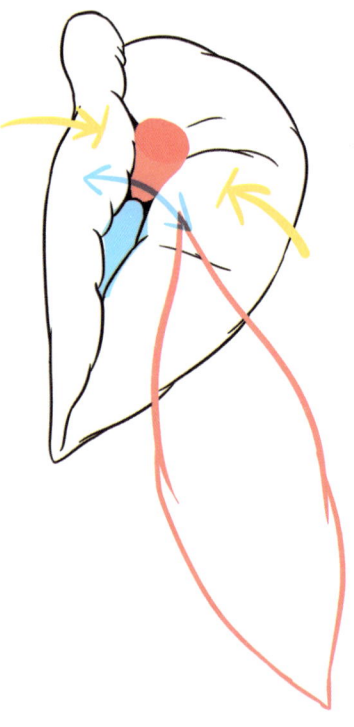

Toc toc (*again*)

Golpetea el clítoris de Cachivache en vez de estar ahí sin hacer nada. ¡Pero ojo, no muy fuerte! Intenta empezar solo rozándolo. Estas cositas son sensibles, y no hay que hacerle ningún daño a Cachivache...

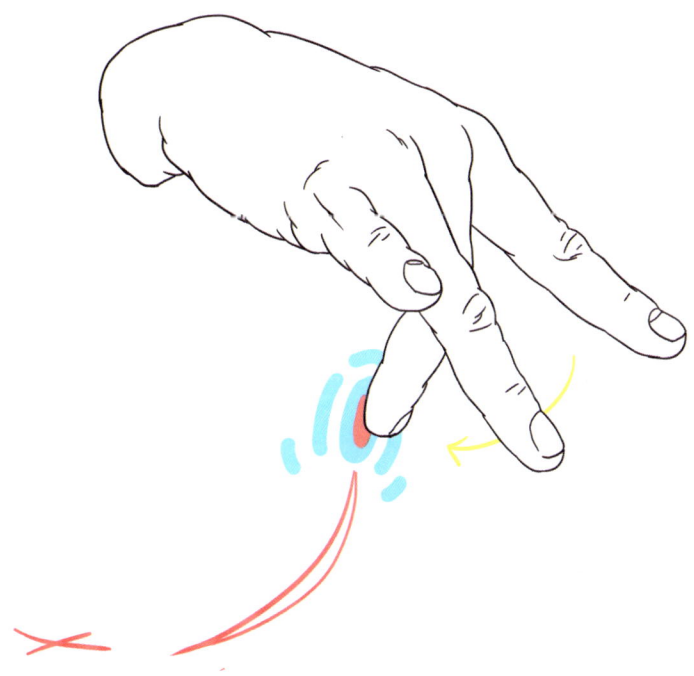

¡Diling diling!

Para esto, tienes que ir realmente suave, ¿vale? Pellizca ligeramente su glande y realiza minúsculos tirones.

CON CUI-DA-DO.

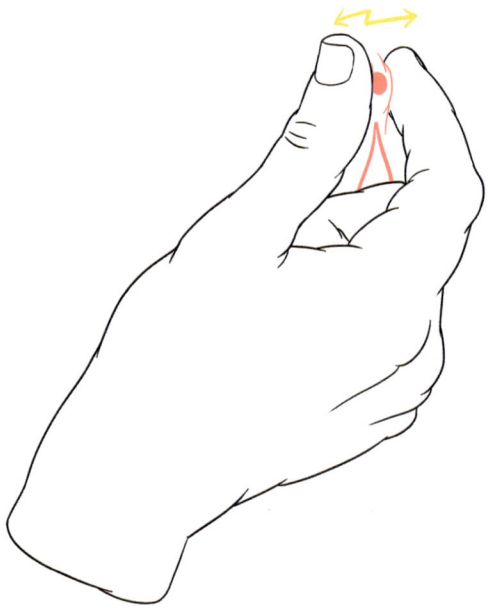

¡Guau, vaya pro!

Durante un buen cunnilingus, es importante alternar los movimientos y su velocidad. Aquí tienes una idea que puede gustarle a Cachivache: coloca tu mano en la parte baja del monte de Venus y estira la piel hacia arriba. La idea es que salga el glande del clítoris de su capuchón. Esto intensifica el placer y además pasarás por una persona súper profesional en el tema. Bueno, no todas las vulvas son iguales, así que si el clítoris no sale, no te pongas a tirar como un animal de bellota. Cuidado, porque es un gesto que puede hacerle daño a algunas personas, con lo que nunca lo diré lo suficiente: ¡CO-MU-NÍ-CA-TE!

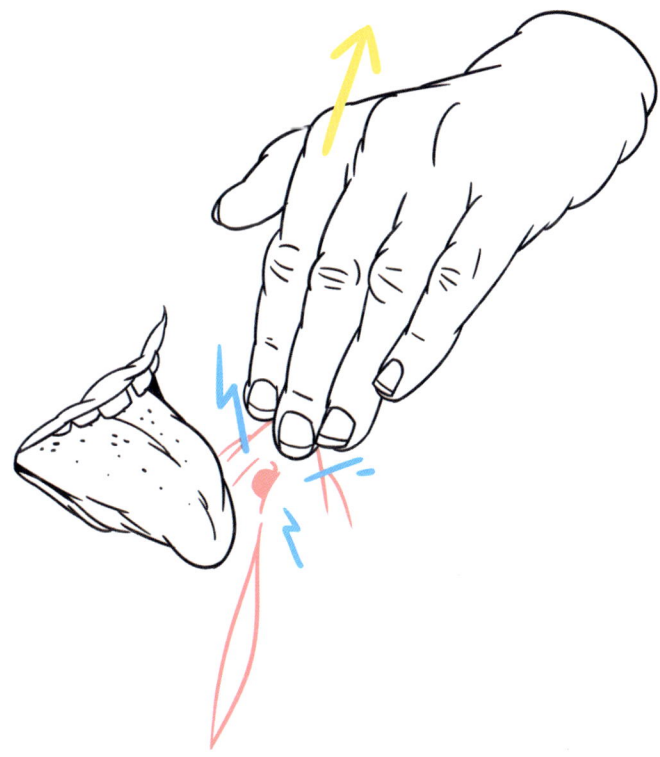

EL SECRETO DE UN BUEN CUNNILINGUS

El título es muy prometedor, pero lo he puesto sobre todo para captar tu atención. Ya entenderás que no existe ninguna receta milagrosa ni ninguna única manera de hacerlo, pero de todas formas sí podemos destacar algunas reglas con las que todas las vulvas estarán de acuerdo...

1
No te dirijas inmediatamente hacia su vulva o sus senos. No hay nada más excitante que un/a amante que sepa jugar con los nervios y la frustración. Todo el cuerpo es un terreno de juego propicio a las caricias, y la paciencia es oro. Así que diviértete en rodear su sexo, en mirar, en jugar con sus pies, en lamer los lóbulos de sus orejas... Todo lo que encuentres para crear tensión. Porque por supuesto sabes que Cachivache es mucho más que sus genitales.

2
Roza su sexo. Lame las zonas alrededor de su glande. No vayas ni muy deprisa ni muy fuerte, sobre todo al principio. Así que evita poner la lengua dura o dar lametazos gordos para empezar, ¡a menos que Cachivache lo desee!

3
Cambia de movimiento o de ritmo de vez en cuando para que no se le duerma el clítoris. Si estás todo el rato haciéndole lo mismo, te arriesgas a que Cachivache deje de notarlo. El simple hecho de cambiar de método a veces permite renovar una sensación máxima.

4
Ten creatividad, ¡diviértete! Hay miles de maneras de dar placer. Puedes lamer, chupar, soplar, aspirar, escupir, mordisquear, hacer dedos, etc. También puedes usar la punta de tu nariz, tus manos, un dildo, un hielo, agua caliente o fría, etc. No tengas miedo de probar un montón de cosas —siempre con su consentimiento, evidentemente—. Puedes también entrar en la categoría «educativa» de una web porno y documentarte con los vídeos propuestos.

5
Muéstrale que sientes placer. Si lo piensas, alaga su sexo, su olor, su gusto... No tengas miedo de parar un momento para admirar su vulva. Muchas personas nacidas con una vulva se sienten inseguras cuando muestran su sexo. Existen tan poquísimas representaciones variadas de las vulvas que muchas tienen vergüenza de la apariencia o del olor de su sexo.

6
Hay una cosita que siempre surte efecto: cuando escuches que su respiración se acelera, a veces esto indica que está dejándose llevar y que estás por el buen camino. Prepárate para jugar con sus nervios. En el momento en el que Cachivache menos se lo espere, párate unos segundos. Esto probablemente le dé rabia, pero también hará que aumente su excitación. Puedes seguir. Haz esto tantas veces como lo desees. ¡Hasta el orgasmo! ¡BUM!

7
Algunos dedos delicadamente situados durante la bajada al pilón muchas veces serán muy apreciados ya que estimulan el clítoris interno y externo, en fin, ¡por todas partes!

8
Ten paciencia. Hacer que Cachivache se corra puede llevar bastante tiempo. Así que no te desanimes y piensa en obtener placer dándolo. Aquí tampoco hay reglas y esto puede llevarte entre 5 minutos y 45, ¡o incluso más!

9
¡Comunícate, leches! Mis consejos no te servirán de nada si no te tomas el tiempo de preguntarle a Cachivache qué le gusta. Y si no lo sabe (cosa que podría suceder), entonces regálale este libro.

¡Pulgar arriba! Y seguimos...

Chupa tu pulgar y colócalo suavemente sobre el glande de Cachivache. No lo muevas en seguida. Déjale un tiempo para que entienda que vas a encargarte de su vulva con toda la tranquilidad del mundo.

Este gesto es de una belleza inaudita, sí, sí.

CLÍMAX CLUB

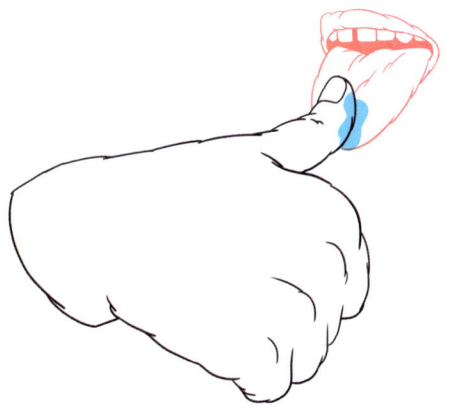

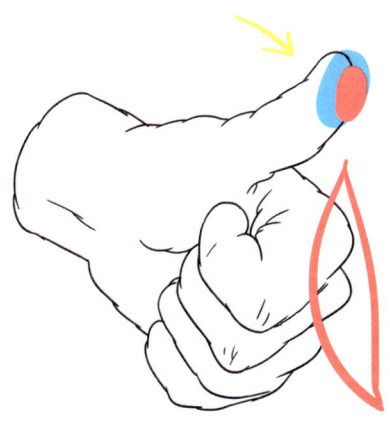

Terremoto en el glande

Oh no, ¿te ha dado un calambre en la lengua y Cachivache no se ha corrido todavía? ¡Me cachis!...

Coloca tu mano sobre el monte del pubis y consigue que se mueva el clítoris indirectamente haciendo que todo tiemble. Esto le permitirá a tu lengua descansar un rato mientras continúas dándole placer a Cachivache.

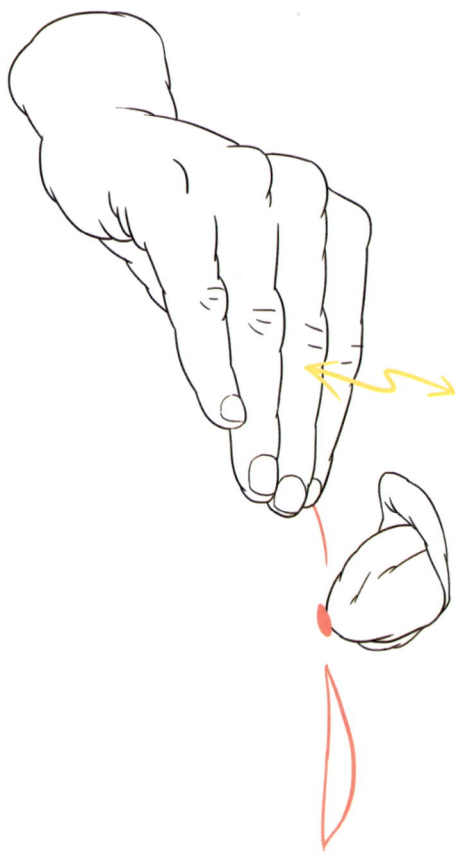

Vestibulemos

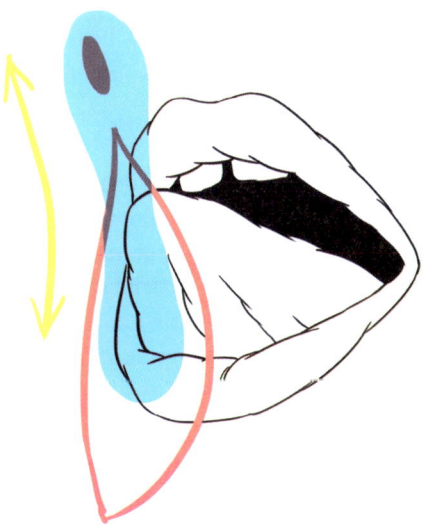

Tampoco tienes por qué ensañarte con el glande, puedes hacer pausas bajando hasta el vestíbulo del clítoris. Vuelve. Márchate. ¡OTRA VEZ!

BUENO, ¿FOLLAMOS O QUÉ?

¿Pero dónde has aprendido todo esto?

Nunca lo diré lo suficiente, pero pasar el tiempo solo en el glande del clítoris es arriesgarte a que pierda sensibilidad, e incluso a hacerle daño. Por eso es importante alternar para crear una ausencia, ya que los tiempos de pausa son tan importantes como la propia acción. Aquí, lo que te propongo es más bien una medio pausa, porque también vamos a encargarnos de la zona uretra/entrada de la vagina que se denomina el vestíbulo. Una mano se coloca sobre el monte del pubis para tirar ligeramente de la vulva hacia arriba y, en algunos casos, para hacer que salga el glande del clítoris. Humedece un dedo de tu otra mano y haz vaivenes verticales desde el vestíbulo al glande. Y, sobre todo, no dudes en cambiar la presión: rozar, acariciar... Sin apoyarte demasiado, a menos que Cachivache así te lo pida, *of course*.

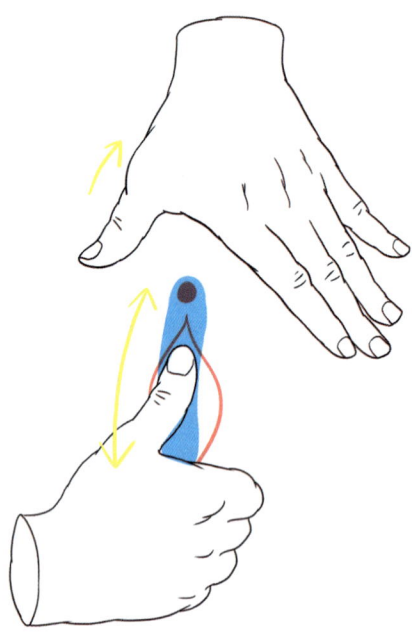

Aumentar el objetivo

No hace falta tocar directamente el glande del clítoris para que resulte bueno. A veces, una simple estimulación de los alrededores puede encender a Cachivache.

Coloca tus dedos de un lado y otro del glande y realiza un movimiento vertical. Te darás cuenta quizás de que el glande se destapa cuando estás arriba.

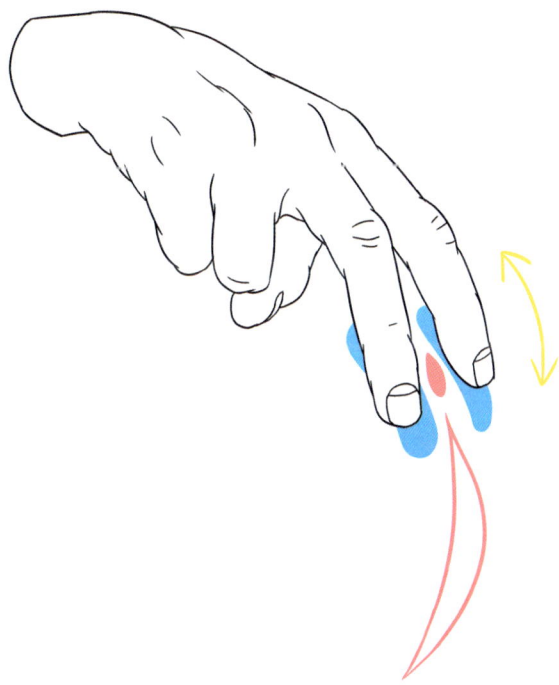

Puc, puc

Tus dos dedos están colocados a un lado y otro del glande y se hunden en la carne. Cuando tus dedos se apoyan en este nivel, el glande va a ser estimulado de un modo indirecto e incluso puede llegar a salir de su escondite. Puc, puc, apoya tanto como le guste.

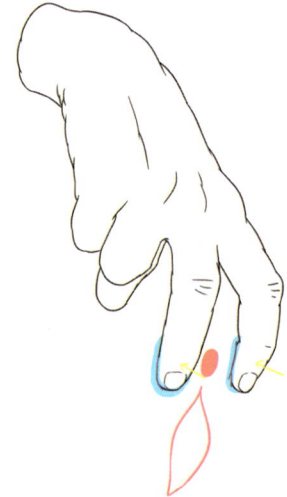

¿Y SI DEJAMOS DE FINGIR?

¿Y si, más bien, nos atreviéramos a comunicarnos con nuestras parejas? Tu cuerpo es un templo, ¡y lo primero es respetarlo!

Ya sé que es muy fácil de decir, que a veces fingimos para no ofender, e incluso para que acabe más rápido, pero un poco de cuestionamiento no hace daño.

Si tu pareja no lo está haciendo bien, no dejes que se líe y... ¡atrévete a decírselo! Da un poco de corte, pero es así como se avanza y como el sexo puede convertirse en una experiencia excepcional.

Gira alrededor del botón

Separa sus labios y rodea el glande dibujando un pequeño círculo alrededor. No dudes en mojar un poco tu dedo antes.

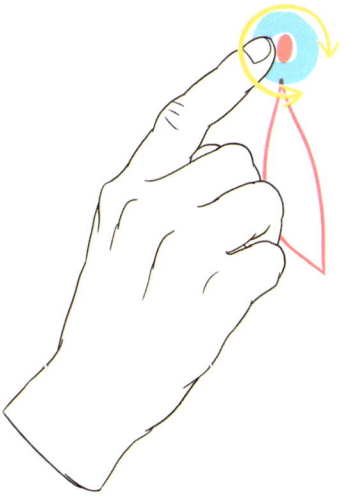

La sonrisa del barbudo

¿Te he dicho ya que el clítoris tiene una sensibilidad muy variable dependiendo de la persona, que algunas pueden encontrarlo doloroso, o demasiado fuerte, o simplemente un fastidio? ¿Sí? No es para tanto, así que vuelvo a empezar. Teniendo en cuenta este recordatorio, estarás de acuerdo en que a veces es más cortés no estimularlo directamente (el clítoris). De todas formas, no tocar más que el glande del clítoris para que alguien goce debería sancionarse con pena de cárcel. No, estoy vacilando, pero alguien podría morir. Noo, que bromeo, evidentemente...

BUENO, ¿FOLLAMOS O QUÉ?

Este movimiento seguro que te traerá malos recuerdos de la infancia, cuando tu tía Paqui te pellizcaba muy fuerte la mejilla cebándote con galletas demasiado secas... Pero en fin, ¡acepto el riesgo de que te asquee tu propio sexo! Aquí, tienes que sujetar los labios mayores con todos tus dedos y apretar (sin forzar demasiado) de modo que el glande se quede pillado en medio de la carne. Ya verás cómo, según la cantidad de vello de tu pareja y la inclinación de tu cabeza, se parece un poco a un barbudo sonriendo. Una vez la mano colocada, realizarás ligeros movimientos laterales, tipo sacudidas.

Todo esto estimula el clítoris, pero de manera menos directa. Y sobre todo es súper excitante cuando tu pareja te mira a los ojos con un aire un pelín sádico y te llama h*** de p***, c**** más fuerte y dale más... Ay...

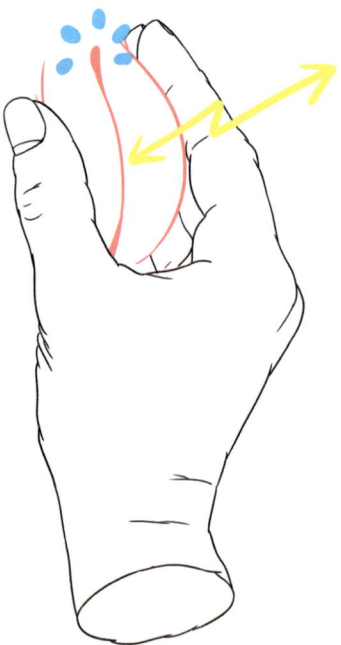

En la bañera

Estáis tomando un baño, tu mano se pasea, pero el agua te estorba porque al final se acaba mezclando con el lubricante natural y no se desliza lo suficiente. Sería una lástima parar en este momento tan estupendo, así que posiciona tu mano como en la ilustración y haz un abanico con tu índice y tu dedo corazón, sacando el clítoris de Cachivache. Este movimiento traerá consigo agua y producirá una ligera corriente que vendrá a masajear su clítoris justo después de que pasen tus dedos. ¡Menuda genialidad!

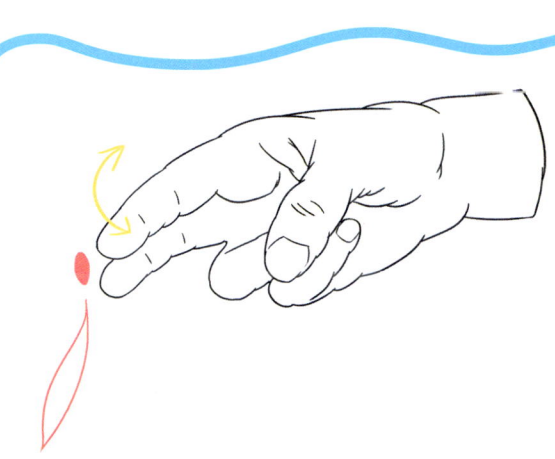

No ignores estos juguetitos

No tengo por costumbre alabar los méritos de los juguetes sexuales, pero tenía que hablarte de un nuevo juguetito que está en boca de todo el mundo, porque, en este momento, mi conejo aún llora de la alegría de haberlo probado.

Verás, tuve una depresión durante un año, y el cabrito de mi clítoris simplemente cumplió con lo esperado y se llevó las ganas de masturbarme y de todas las sensaciones placenteras que eso conlleva. Y entonces probé el cacharro ese. Para quienes no lo conozcan, es algo así como un aspirador para clítoris. Da un poco de cosa, descrito así, pero no tengo ninguna comparación mejor.

Coloqué su ventosa carnosa en mi glande totalmente mustio y, en pocos minutos, el asunto estaba concluido… ¡BIM, ME CORRÍ COMO UNA ADOLESCENTE!

La succión produce una sensación más bien distinta de la masturbación habitual, creo que es parecido a cuando te chupan el nardo.

P.D.: El abuso de vibraciones producido por este bonito cacharro puede desestabilizarte el clítoris, ¡así que con calma, marranetes míos!

Los hay para todos los presupuestos, de este tipo, y realmente merecen la pena.

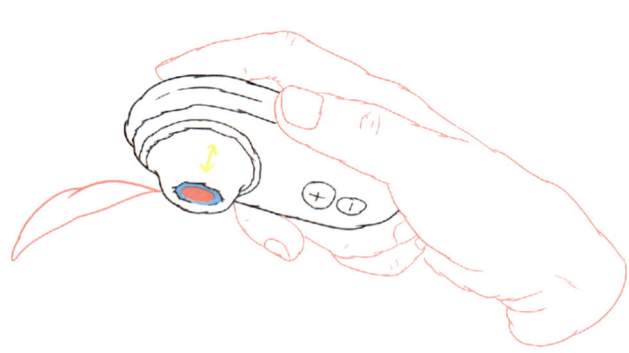

Dentro de la familia de juguetitos sexuales que molan...

... también esta este. Sus vibraciones no tienen nada que ver con los vibradores lambda, son bajas, pesadas, se sienten en todo el cuerpo sin anestesiar el clítoris. He elegido el modelo que se enchufa para obtener más potencia. ¡E incluso masajea la espalda! (de hecho, ese era su papel inicial.)

Cuidado, no abuses de las cosas buenas, porque te arriesgarías a no querer correrte de otro modo (y esto se aplica a todos los juguetitos sexuales).

De glande a glande

Para más suavidad y sensación, puedes estimular el glande del clítoris con tu propio glande. ¡Es *AMAZING*!

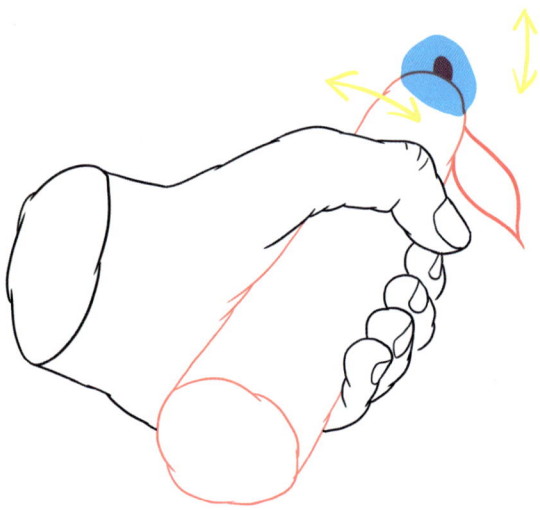

¿Me cosquilleas el tallo?

El tallo es la zona que se encuentra justo encima del glande del clítoris. Cuando pasamos el dedo por encima podemos sentir como una pajita bajo la piel. Pues bien, ¡hay quienes adoran que le cosquillen el tallo! Otras personas lo encontrarán *boring*… En fin, como siempre, la comunicación os salvará.

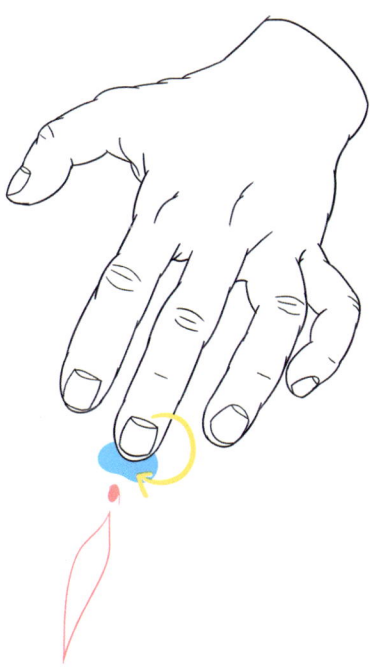

BUENO, ¿FOLLAMOS O QUÉ?

Suave, suave, suavemente...

Aquí te propongo trabajar con la lengua. Realiza pequeños movimientos horizontales sobre esta zona sin tocar el glande. Es una buena manera de hacerle desfallecer...

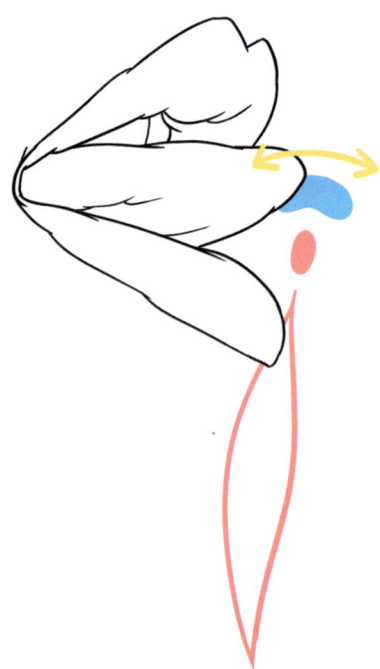

Vibrador + tallo = love

La compra de un vibrador a veces puede resultar decepcionante porque podemos tener ganas de pasarlo directamente sobre el glande para tener un orgasmo con rapidez. La pena es que para algunas personas el glande se desensibiliza muy rápidamente y acaban por no sentir nada. ¡Pero no te preocupes, tu compra no es en vano, y tu tallo está ahí para demostrártelo!

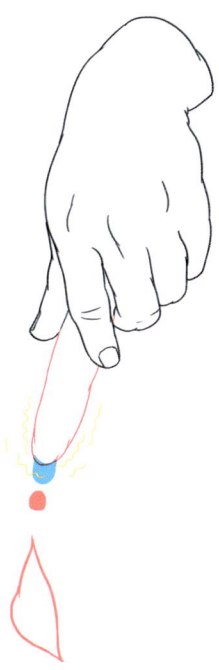

Ay Dios, ¡qué bonito!

Es realmente bueno sentir cómo nos observan y esperar a que algo pase... Esto nos incita a tomarnos nuestro tiempo, a dejar que el deseo aumente y a conocer un poco mejor el sexo de nuestra pareja. Abre sus labios mayores con delicadeza, observa cómo sus labios menores se despegan, fíjate en qué bien huele, abre un poco más, improvisa...

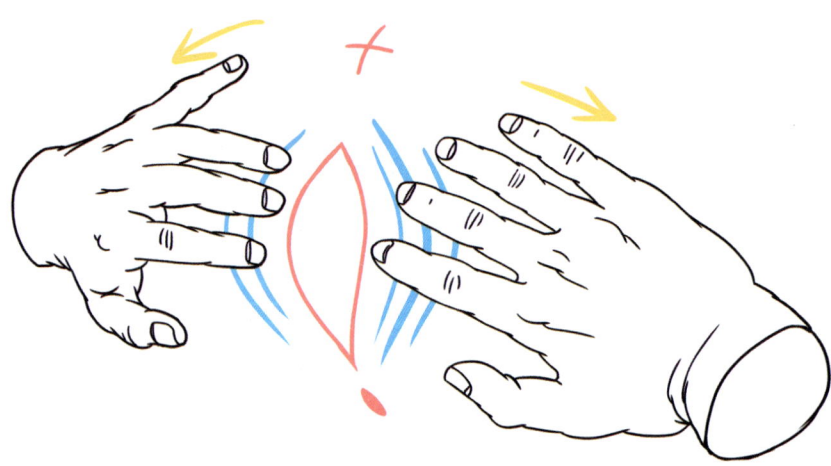

CLÍMAX CLUB

Un poco de suavidad

Esto nunca le hace daño a nadie. Tu mano (preferiblemente caliente) se posa con suavidad sobre la vulva de Cachivache. Este gesto quiere decir «valoro tu vulva, te respeto y puedes confiar en mí». Quédate así, no hay necesidad de moverse. Y si ves que Cachivache se aburre, puedes encadenar la acción con un súper *vibrato* con la mano.

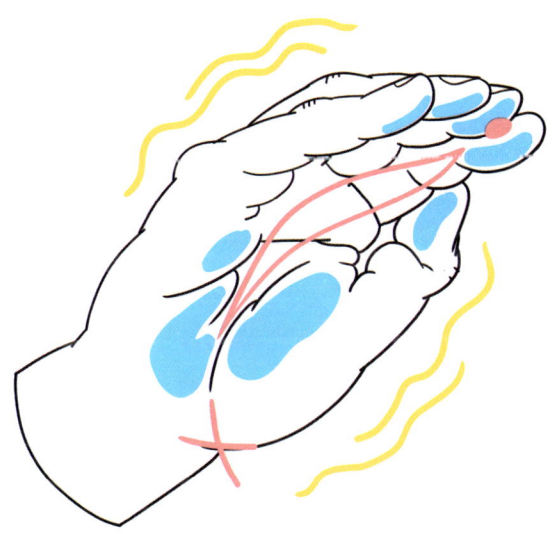

Masaje erótico

No es necesario tocar los genitales de Cachivache para que se excite. Este masaje, muy sencillo de realizar, consigue que el deseo aumente progresivamente, aunque por supuesto, si sabemos tomarnos nuestro tiempo.

Colócate de rodillas entre sus muslos. Tus manos van a ir por turnos (cruzándose) acariciando la parte superior de los labios mayores (o de las ingles) hasta la parte baja del vientre.

Por supuesto, su sexo va a abrirse cuando pases las manos y puedo asegurarte que es la cosa más excitante que existe…

Hala, ya únicamente te queda esperar a que Cachivache te suplique que le toques donde tú ya sabes.

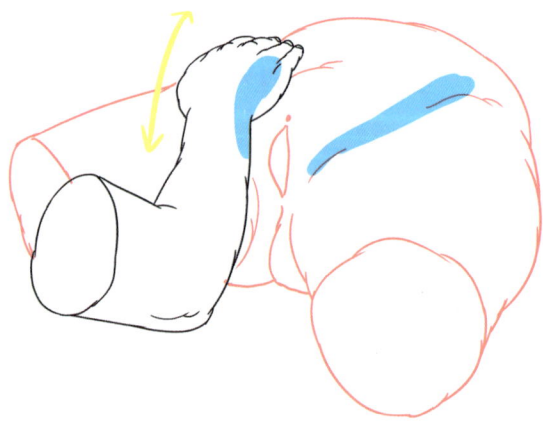

CLÍMAX CLUB

Bajarse al pilón en el mar

¿Hace calor? ¿No? *Whatever*! ¡Bajarse al pilón en el mar es una experiencia formidable, y poco importa la estación en la que estemos!

Es muy sencillo: coges una botella de agua con gas de la nevera, le das un sorbo con tu boca y vas sacando el agua poco a poco sobre el sexo de Cachivache. Inmediatamente después, aspira sus labios menores un poco como si te estuvieras comiendo una ostra. ¡Es un buen golpe, estas burbujitas que cosquillean y que gotean a lo largo de la vulva!

El «floc floc»

Este gesto tan sencillo puede volver a Cachivache completamente *crazy*.

Se llama el «floc floc», por la sencilla y buena razón de que, si pones la oreja, escucharás ese ruido.

Con un dedo o dos, realiza vaivenes lentos desde el glande del clítoris hasta la entrada de la vagina. Cuidado con meterte muy rápido y hazlo de modo que tu dedo extienda el flujo según vaya pasando.

Es excelente, sobre todo cuando dura y por fin el dedo entra en la vagina...

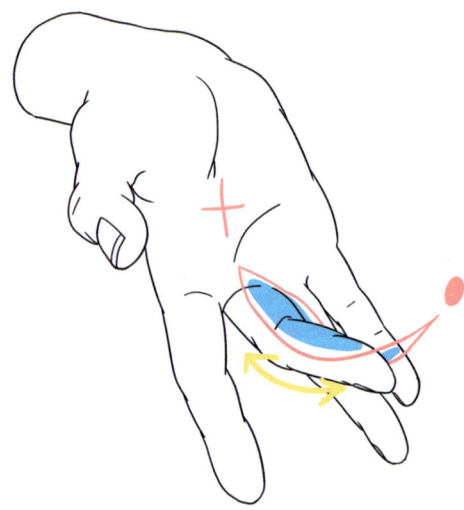

> **NO MOJES TUS DEDOS DE ENTRADA**
>
> Haz un *check-in* primero. Porque la lubricación natural muchas veces es mejor. Pero también porque puede ser desagradable sentir que está todo demasiado mojado.

Descansa tu lengua

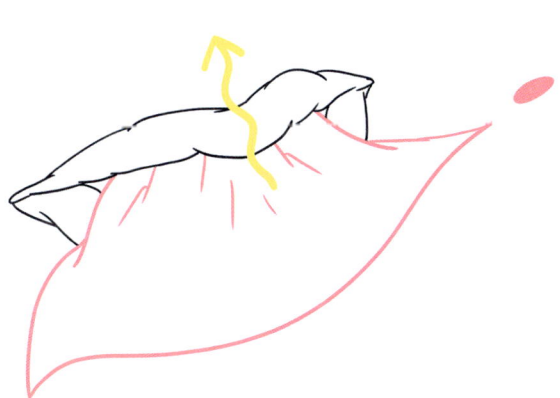

Cuando te bajes al pilón, es importante variar los movimientos para que las zonas estimuladas no se duerman. Esta variante te permitirá descansar tu lengua y tu mandíbula mientras continúas dándole placer a Cachivache. Es fácil: aspira sus labios menores. Ya está, eso es todo.

Te aconsejo de todas formas que compruebes las expresiones de su rostro por si acaso no le gustara mucho, lo cual puede suceder.

Tutti frutti

Si nunca te has masturbado con una fruta, entonces no puedo sino aconsejarte esta nueva experiencia. Lo máximo es tener una nectarina o un melocotón bien fresco (bio y de temporada) recién sacado de la nevera.

Dale un mordisco, y masajéate con su pulpa. A tu pareja le va a molar lamerte con ese buen sabor tan dulce...

Pequeño matiz: no hagas esto si tus genitales son propensos a los hongos.

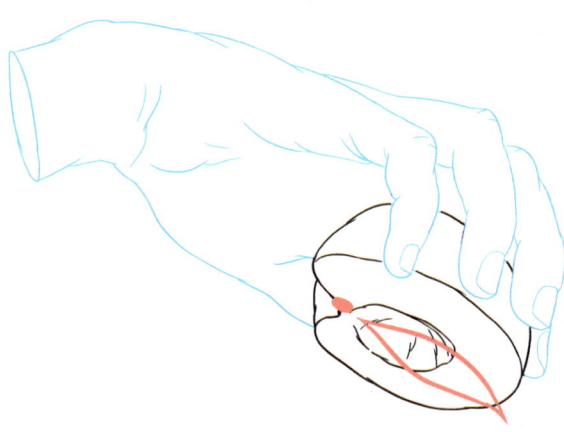

Masaje genital

Posiciona tus dedos en los labios mayores y sepáralos ligeramente para despegarlos de los labios menores y hacer aparecer el orificio de su vagina. Ahora, masajea realizando círculos pequeños. Este movimiento es la vida.

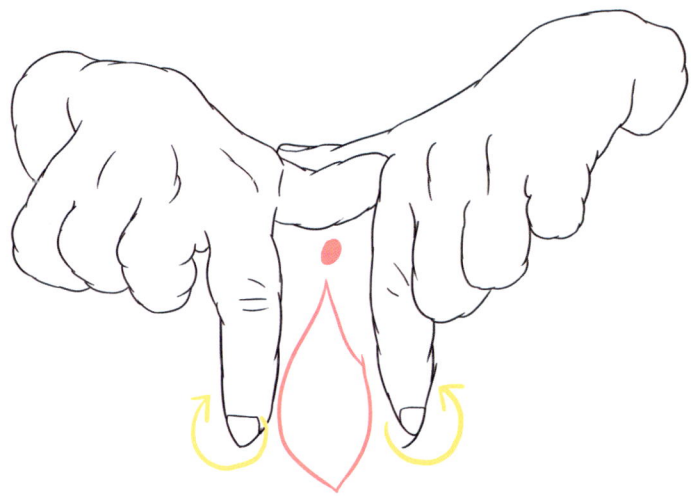

La serpiente

Separa los labios mayores de Cachivache y dibuja una serpiente con tu lengua. Despacito. Eso esssssss...

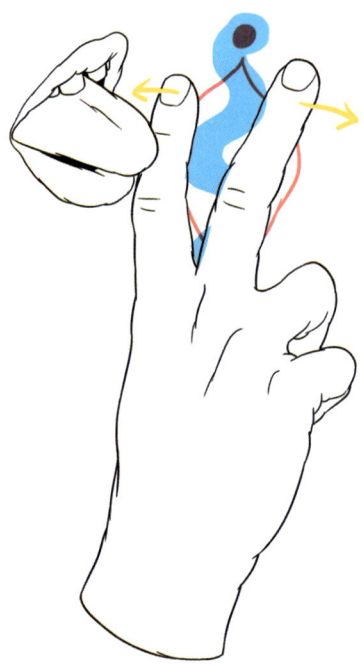

CLÍMAX CLUB

El mejor vibrador, ¡eres tú!

Coloca la parte baja de la palma de tu mano hacia la parte baja de su vulva, y deja que se exprese el vibrador que vive dentro de ti. ¡BZZZZZZZZZZZZZZZ!

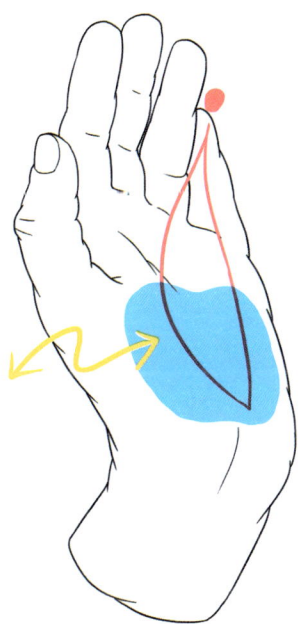

BUENO, ¿FOLLAMOS O QUÉ?

La frustración es algo bueno

¿Sabes qué hay mejor que penetrar a Cachivache? Pues hacerle creer que vas a hacerlo.

Tu dedo se pasea en su vestíbulo (zona de la uretra y de la entrada de la vagina) como si nada. Una vez que todo esté bien húmedo, te comportas en plan «sip, ¡voy a entrar aquí!».

¡PUES NO! ¡Y ahí Cachivache se va a fastidiar un montón, porque siempre le haces lo mismo!

Nos reímos, sí, pero la frustración muchas veces produce reacciones de deseo violento, así que penetra a Cachivache únicamente si te suplica que lo hagas. Pequeña basura sádica.

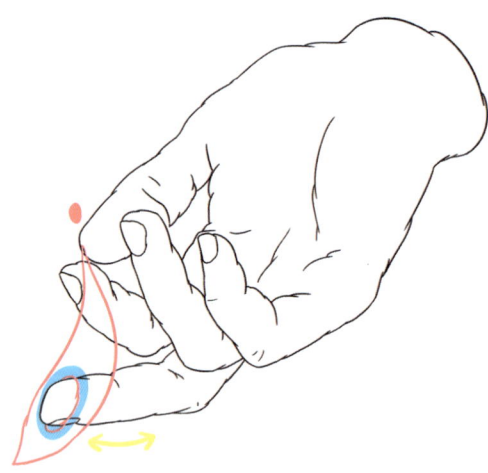

Cod da dengua

¡Mete la lengua, por dios!

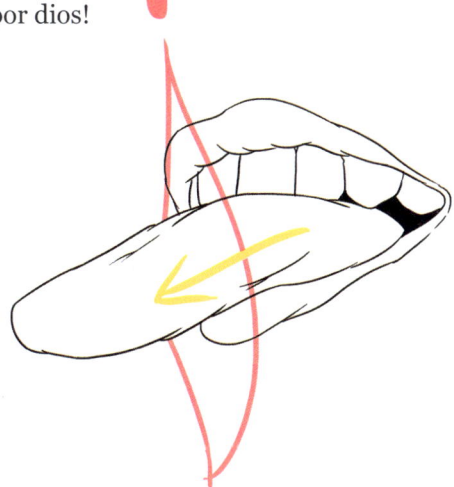

Cod da dariz

¡Mete la nariz, leñe!

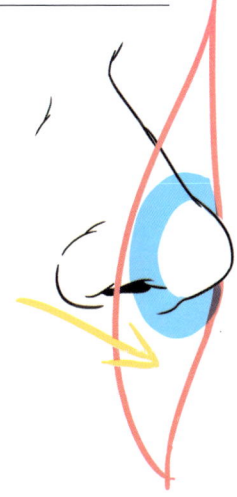

Revueltillos

Haz vaivenes pivotando la mano... Un golpe arriba, un golpe abajo. Con un dedo es suficiente, si quieres mi opinión.

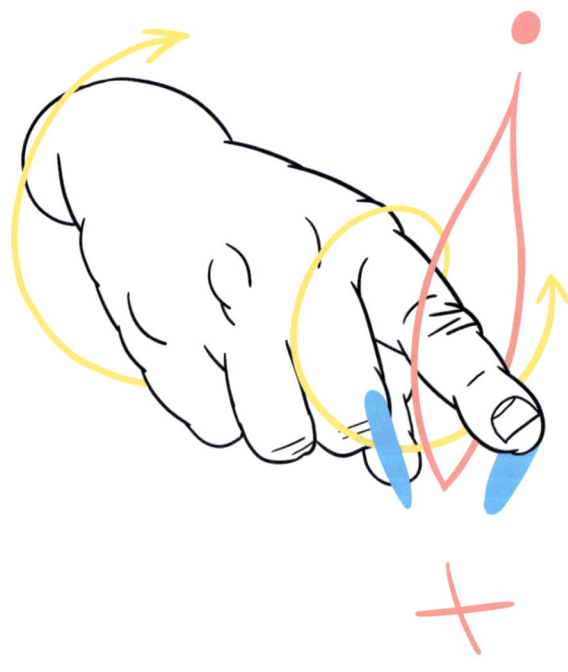

Colofón final

Esta posición es muy práctica cuando Cachivache haya dilatado un montón. Lo mejor es incluso hacer esto al final ya que tiene tendencia a abrir un poco la entrada de la vagina, si ves por dónde voy...

Así que empiezas introduciendo suavemente tus dedos. Una vez dentro, la idea es separar ligeramente las manos para formar una V. ¡Pero cuidado, no lo hagas en plan borrico, eh! ¡Hemos dicho que SUAVEMENTE!

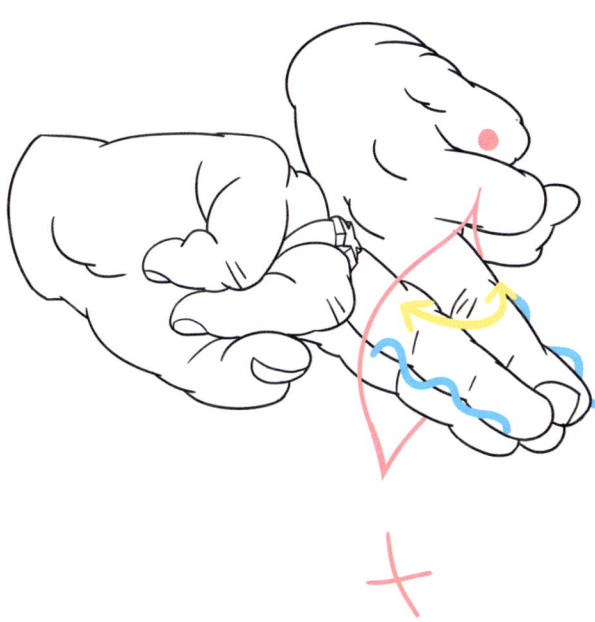

Cuenta conmigo

He aquí un movimiento interesante, que voy a pedirte que sigas paso a paso tomándote tu tiempo. La idea es trabajar la observación y la comunicación con Cachivache mientras te encargas de su persona. Porque, hay que decirlo, hablar durante el sexo es, a pesar de todo, muy excitante. Y una pareja que sienta las señales que le enviamos, eso no tiene precio.

Empieza por introducir un dedo amable con normalidad, mira a Cachivache y toma buena cuenta de sus movimientos. ¿Crees que tiene suficiente lubricación? Hace un movimiento hacia atrás, ¿quizás debería ir más despacio? Sube la pelvis, eso es que le tiene que estar gustando... etc.

Cuando sientas que el momento es propicio, avisa que vas a introducir un segundo dedo. Pregúntale si le parece bien, si le gusta eso...

Si lo haces bien, deberías ir sintiendo cómo su vagina se vuelve más y más acogedora a medida que vayas realizando tus vaivenes.

Pregúntale: «¿puedo introducir un tercer dedo?».

Y así a cada vez... Cuatro dedos, cinco dedos, seis dedos, siete dedos... Nooo, ¡es broma, eh! No metas más de cinco. Bueno, haced lo que queráis, ni que fuese yo vuestra madre.

CLÍMAX CLUB

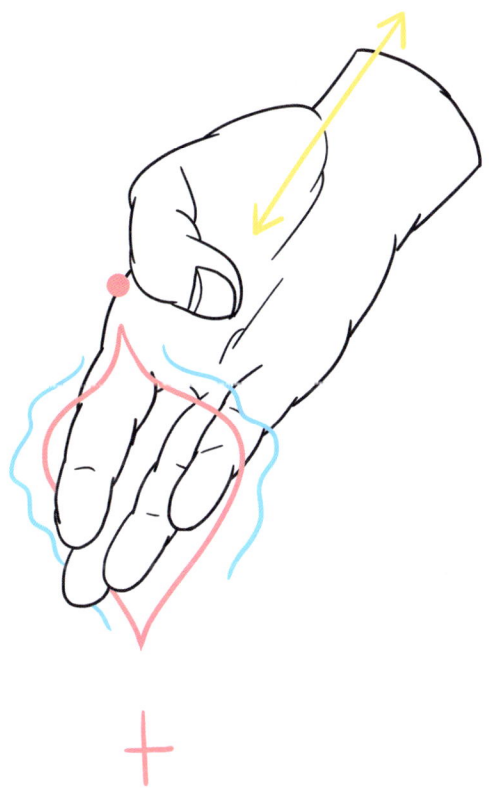

BUENO, ¿FOLLAMOS O QUÉ?

Súper profesional

Aquí hablamos de un movimiento súper pro con el que reaaaaalmente le producirás placer a Cachivache. Las manos se colocan dorso con dorso y se frotan lentamente como hacen las moscas encima de una mierda. Piensa en hacer este movimiento cuando Cachivache tenga ya una buena dilatación.

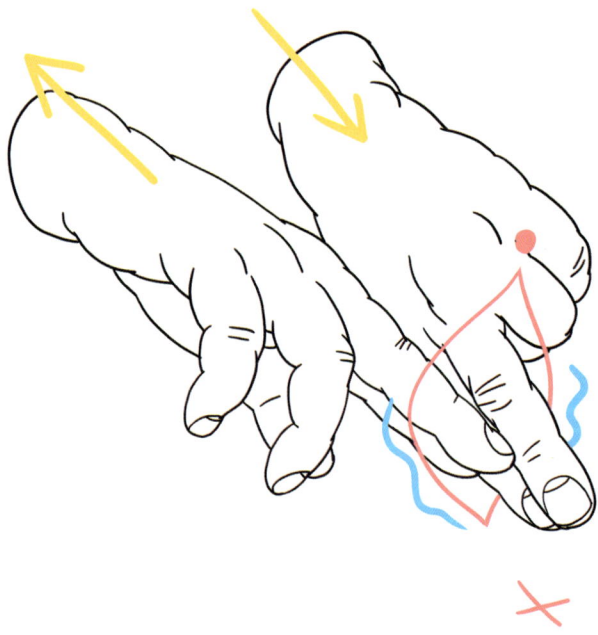

La penetración post-orgasmo

¡UYUYUY! La penetración post-orgasmo… Hablando claro, haz que Cachivache se corra estimulando su glande o espera a que lo haga y… ¡BUM! No esperes la bajada, penetra DI-REC-TA-MEN-TE (con su permiso, por supuesto…).

Cuando Cachivache se corre, su clítoris entero se llena de sangre y se hincha, al igual que el pene cuando va a eyacular. Los bulbos del vestíbulo en la entrada de la vagina están por lo tanto más gruesos, más sensibles y la vagina parece estrechada. Elegida como la mejor sensación del mundo. Funciona también con un dildo, por supuesto.

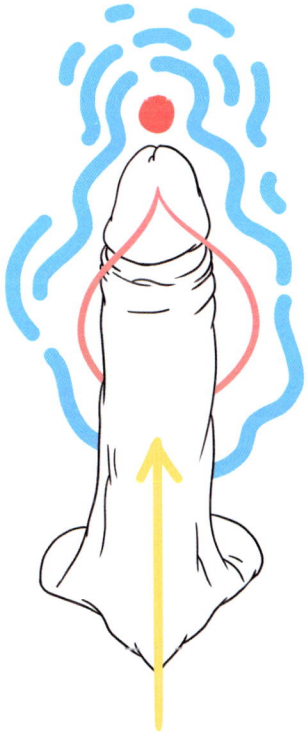

> **¡HAZ PIS DESPUÉS!**
>
> Es importante que siempre eches una meadita para limpiar la uretra de microbios que están incrustados en esa parte y evitar infecciones urinarias.

Dos en uno

Introduce un dildo en la vagina de Cachivache, y métete después a tu vez. Preciso que todo esto es en la vagina.

Por supuesto, esto no lo hagáis al principio de vuestra partida de piernas hacia arriba.

Achtung: desaconsejo fuertemente esta práctica a las personas principiantes, tenéis mil cosas que explorar primero.

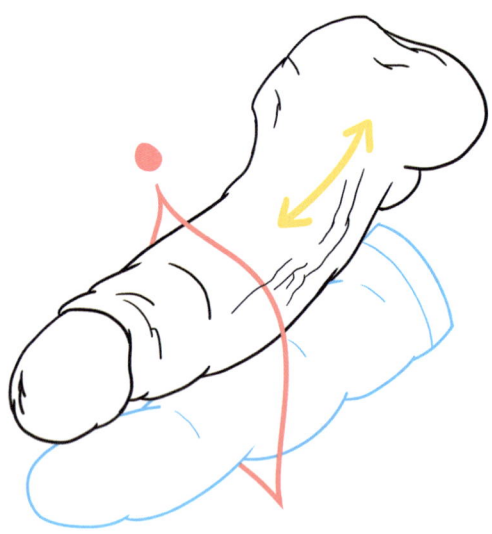

CLÍMAX CLUB

Ir más arribaaaaaa

La palma de la mano golpetea el glande del clítoris mientras los dedos... masturban.

De vez en cuando, recuerda ir hacia arriba como si quisieras levantar a Cachivache.

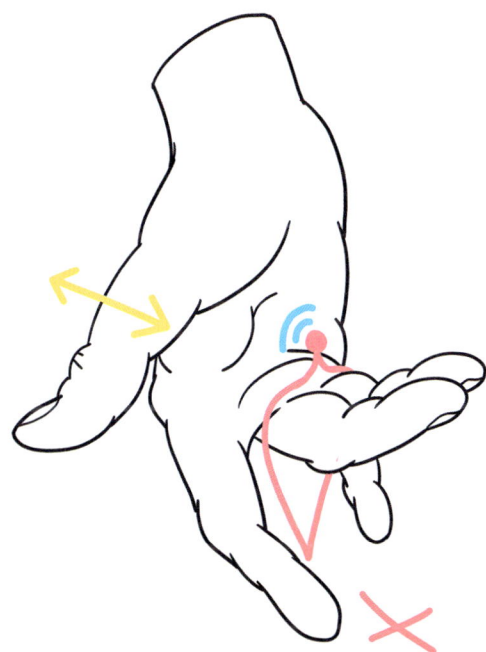

La pausa del piti

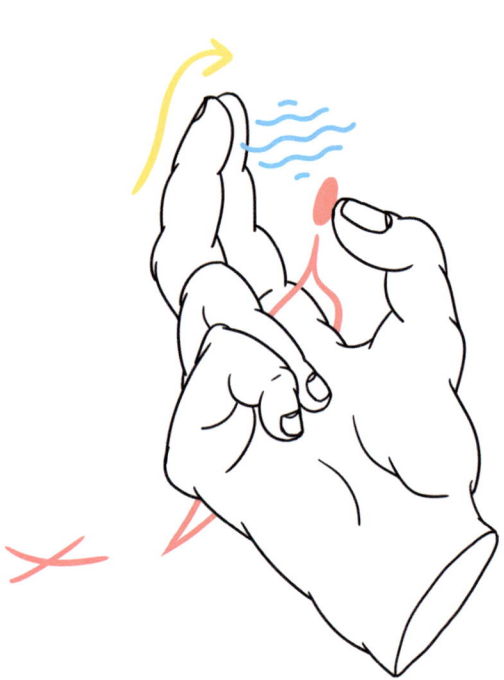

Tu mano se coloca como si fumaras un piti y tus dedos hacen un movimiento de «ven aquí». Tu pulgar, a su vez, acaricia suavemente el glande del clítoris.

Aquí lo que resulta agradable es que dos zonas son estimuladas al mismo tiempo. Quizás sea *too much* para Cachivache, así que observa bien su expresión para asegurarte de que está apreciando este momento.

LA PENETRACIÓN ESTÁ BIEN, PERO...

No le produce ningún orgasmo a la gran mayoría de personas nacidas con una vulva. Sé que me repito, pero nunca lo diremos lo suficiente. Por supuesto, el clítoris se solapa con la entrada de la vagina y le da enorme placer a la penetración. Pero parecería que el glande del clítoris es el campeón en materia de orgasmos.

Tener la suerte de sentir un orgasmo únicamente por penetración es algo bastante raro. Así que si piensas que tienes un problema porque nunca te ha sucedido, quizás es porque es completamente normal. Y nada te impide toquetearte la pepitilla durante la penetración... no es una mala ayuda. *Am I right?*

¡Ven aquí!

Haz un gancho con los dedos haciendo la mímica del gesto de «ven aquí».

¡Cuidado, hay una multitud de zonas agradables de tocar, la zona G no es un botón mágico y concentrarse esencialmente en ella equivale a comer foie gras todos los días!

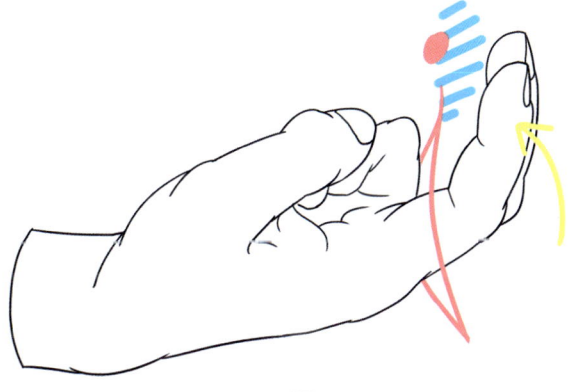

¡Abre las válvulas!

¿Querías conocer la técnica para provocar una emisión de efecto fuente? Pues bien, te doy una que ha sido testada por diversos sujetos.

No te escondo que es un poco físico y que te arriesgas a perder tu antebrazo en esta maravillosa aventura, pero francamente merece la pena.

Comienza por formar un gancho con tus dedos índice y corazón. Tus dedos y tu muñeca están congelados, es el antebrazo el que va a crear un movimiento vertical. Tus dedos golpean detrás del bajo vientre, justo sobre el monte del pubis, donde tu otra mano debe colocarse para apoyarse. El ritmo debe de ser bastante constante, así que espero que tengas buenos brazos.

Tú, Cachivache, para conseguir el *squirting*, es importante sentirse a gusto con tu cuerpo, saber dejarte llevar ¡y sentir muchísima excitación! Esta sensación de tener ganas de orinar es probablemente la señal de que tu cuerpo está preparado para el *squirting*, no falta nada más que el que tu cabeza también lo esté. Puedes empujar también con tu suelo pélvico, al parecer eso ayuda a algunas personas.

P.D.: Esto evidentemente no es una ciencia exacta porque todas las personas no están hechas del mismo modo, así que sé guay, no me lleves a juicio si no lo consigues. *Loser...*

CLÍMAX CLUB

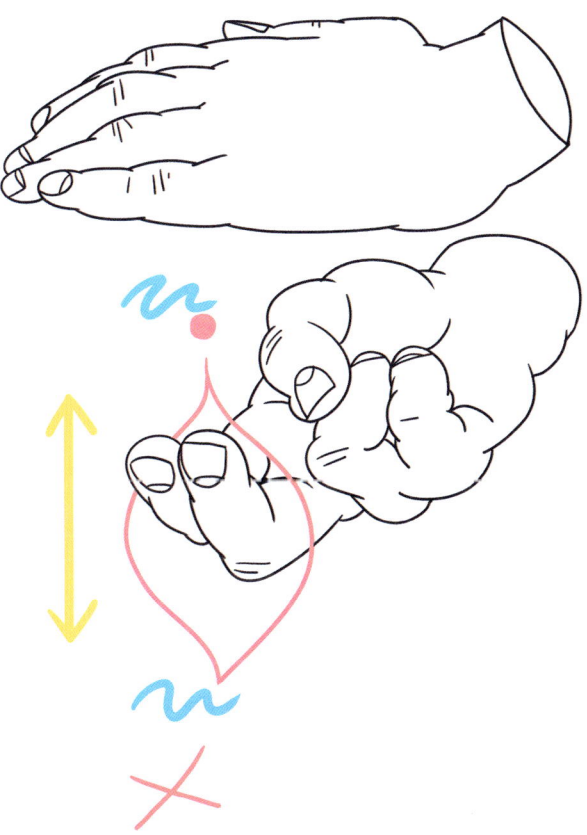

BUENO, ¿FOLLAMOS O QUÉ?

Squirtear en paz

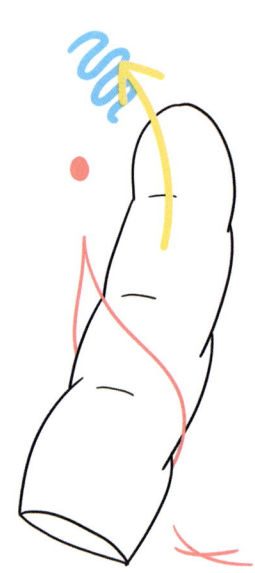

¿Te gustaría lograr un *squirting* sin la ayuda de nadie?

¡Tengo lo que necesitas! Saca tu dildo más gordo y métetelo bien adentro. La cosa es hacer palanca para que el dildo golpee en lo alto de la vagina, no lejos de la vejiga.

Puedes empujar con tu suelo pélvico a la vez, eso le es de ayuda a muchas personas.

No hay nadie más, no te inquietes por manchar las sábanas. ¡Abre las válvulas!

Todas las personas no somos iguales, así que no te preocupes si no lo consigues, esto requiere de entrenamiento y de dejarse llevar.

¡A mojarse!

Esta zona es más suave que la zona rugosa y se encuentra también por encima de la sínfisis púbica. De hecho, si colocas tus dedos en este sitio y tu otra mano se coloca en la parte baja del vientre de Cachivache, puedes sentir cómo tus dedos se mueven en su interior.

La sensación es casi similar a la estimulación de la zona rugosa porque, ahí también, el canal uretral se ve arrastrado en el recorrido, aunque aquí los dedos estarán más cerca de la vejiga. Así que, si tienes esa sensación de ganas de hacer pis, es normal, quizás estés a punto de *squirtear*.

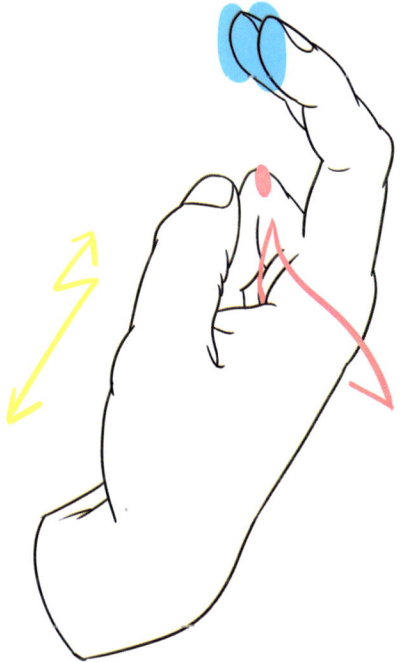

BUENO, ¿FOLLAMOS O QUÉ?

Puede parecer complicado, pero en realidad, es EA-SY

Cachivache está bocabajo o a cuatro patas. Empieza insertando tus dedos normalmente. Una vez dentro, forma un gancho y ayúdate de tu antebrazo para hacer como si intentaras levantar a Cachivache. Mientras «levantas», da pequeños golpes verticales. Suelta y vuelve a empezar. Vas a sentir una pared flexible y fina, es la que separa la vagina del recto. Es por ahí donde se encuentra la zona posterior.

No dudes en hablar con tu pareja para saber si quiere que vayas más fuerte o más despacio.

La sensación no tiene nada que ver con una penetración normalita y no estoy segura de que un pene/dildo pueda algún día conseguir este efecto (a menos que exista un pene/dildo anormalmente curvado 90 grados).

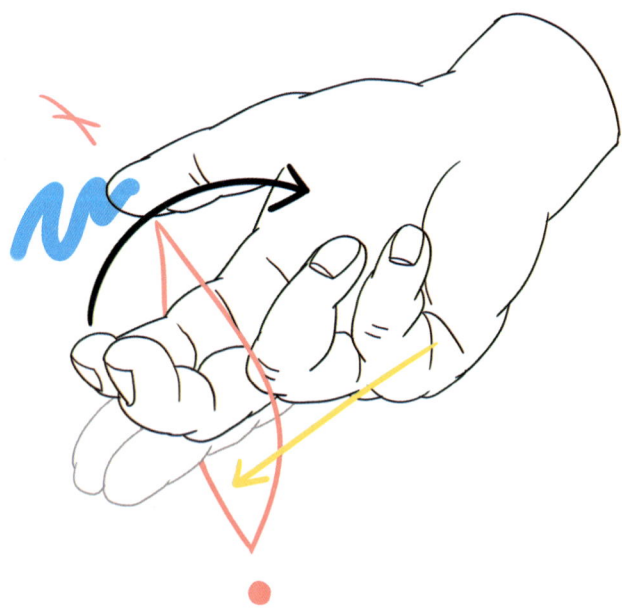

Movimiento solidario

Dos dedos en la vagina, uno en el ano. Tu mano está inmóvil, solo se mueve el antebrazo. ¿Lo pillas?

Pues bien, está genial...

El Capitán Garfio

En esta posición, Cachivache está sobre su espalda, y tú tienes que formar una especie de gancho o garfio con tus dedos. Mete bien hasta la última falange y haz un movimiento de sacudida de arriba abajo sobre la fina pared que separa la vagina del recto.

Es algo tan estupendo que tengo ganas de llorar solo con pensarlo.

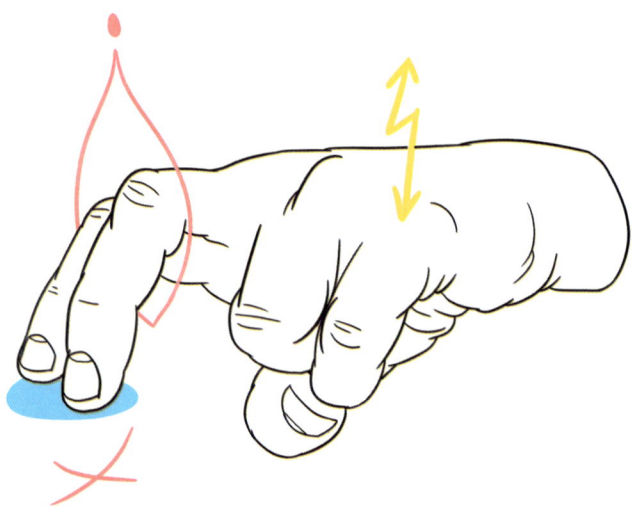

CLÍMAX CLUB

Gira la llave

Imagina que tus dedos son una especie de llave y que tienes que abrir una puerta blanda y húmeda nada más que usando la muñeca. Vas a estimular la zona posterior de la vagina que es «ayayay» y sus lados que son «guauuuuu».

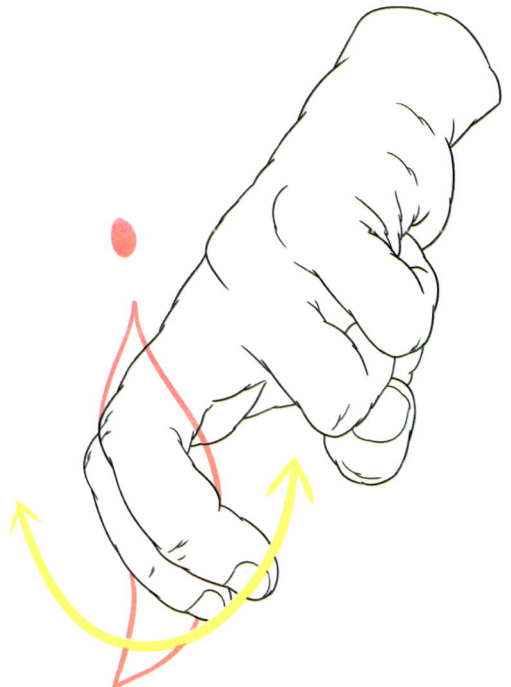

El arte del control

Este movimiento es un poco *tricky*, pero deberías lograrlo. Cachivache está tumbada bocarriba y tú delante. Tus dos manos están dorso contra dorso y los dedos forman unos ganchos para frotar por turnos las paredes anterior y posterior de la vagina. Este movimiento es mágico...

P.D.: La cruz de debajo es el ano.

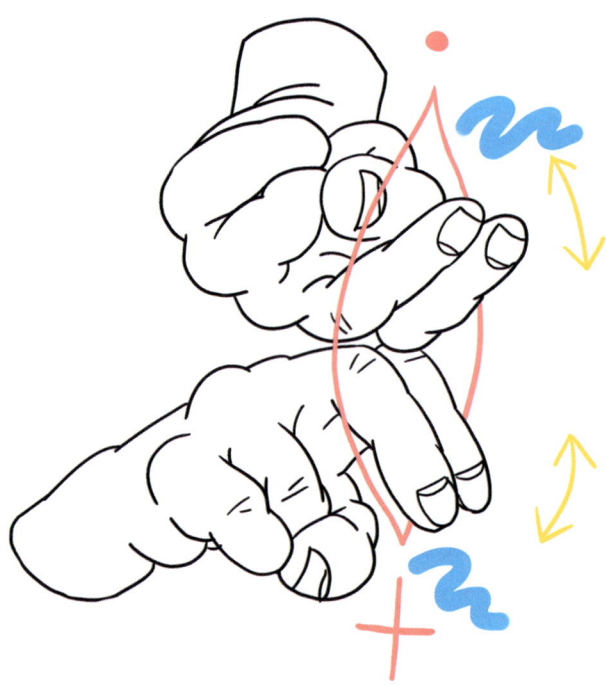

CLÍMAX CLUB

Ven p'acá, tú

El cuello del útero está al fondo de la vagina. Es como una cúpula suave al tacto pero que no puede ser penetrada. Únicamente la sangre de la regla y los bebés pueden salir de ahí.

Es también una zona de placer que puedes estimular metiendo cuatro dedos e imitando el movimiento de «ven p'acá, tú».

Este movimiento puede ser doloroso para algunas personas, así que no intentes ir como un elefante en una cacharrería y escucha su cuerpo.

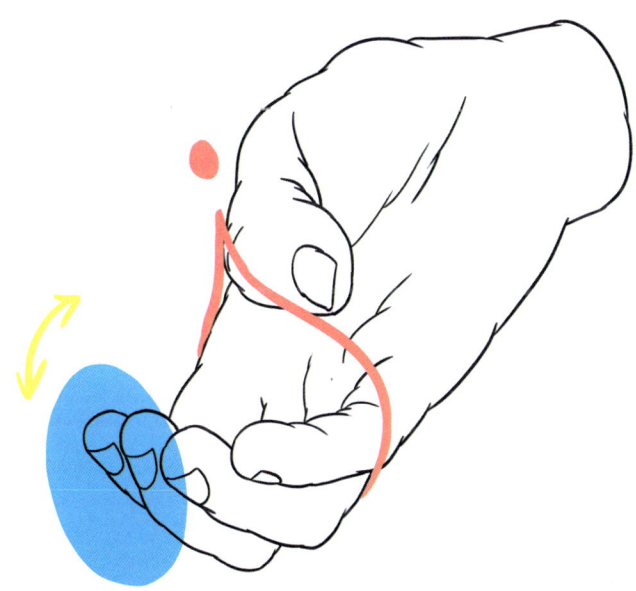

El cul-de-sac

Alrededor de la cúpula se encuentra la parte más profunda, se llama el «cul-de-sac» vaginal. Puedes realizar ligeros movimientos de rotación y alternar con un suave movimiento de los dedos para variar los placeres.

Este movimiento puede ser doloroso para algunas personas, así que con calma y escuchando su cuerpo.

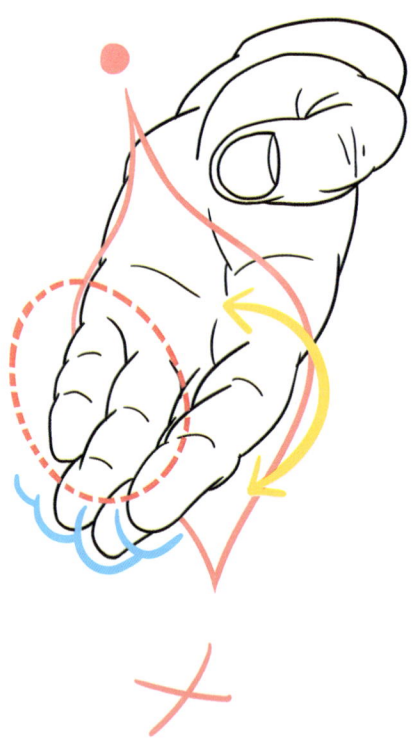

Bolita

Aquí el pulgar está en la vagina y el índice se coloca en la entrada del ano. Hace falta que los dos dedos se junten y que el índice penetre en el ano de Cachivache. En cuanto al movimiento, es muy simple: imagina que estás intentado llamar a un gato callejero: ¡michi, michiiii!

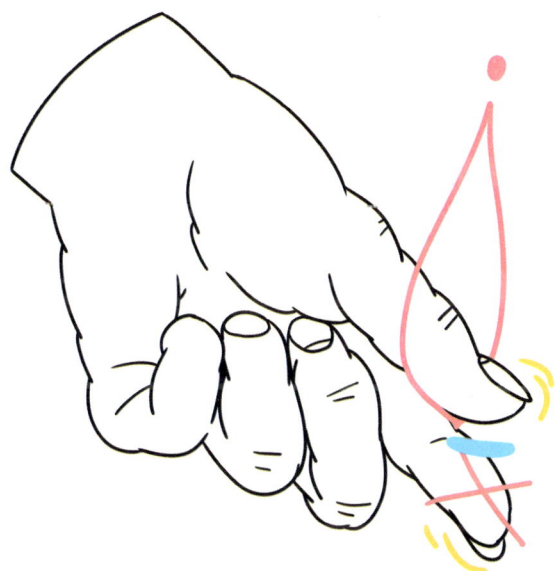

BUENO, ¿FOLLAMOS O QUÉ?

No dejamos a Bolita en un rincón

Entonces viene el cosquillearle. Estamos realmente justo al inicio de la vagina. Insertando tus dedos en forma de gancho, tocarás una pequeña bolita, es el reverso del ano. ¡Puic, puic!

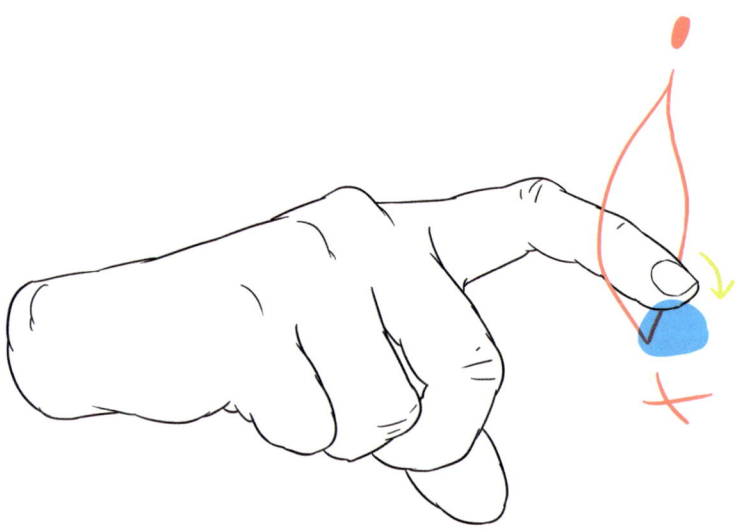

Anus vestibulis

La lengua se pasea desde el ano hasta el vestíbulo (zona que incluye la entrada de la vagina y la uretra). Hace vaivenes… y termina en beso perfumado.

Pequeño consejo: usa una barrera bucal para practicar este movimiento porque, aunque esté limpio, el ano siempre se encuentra repleto de guarrerías que no le vienen muy bien a la vulva.

Salvo error por mi parte, todas las personas tenemos un ano, así que coloco todos los consejos ligados al ano en la categoría «unisex» (ver página 227).

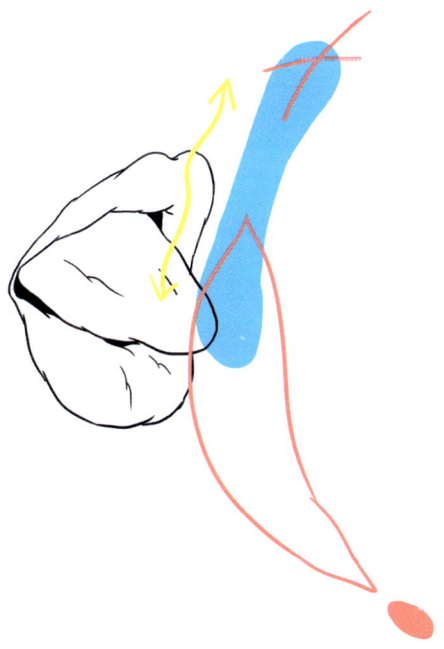

BUENO, ¿FOLLAMOS O QUÉ?

Por delante y por detrás

El índice en el ano, los otros dedos en la vagina, tu mano va de delante hacia atrás… *Easy-peasy*.

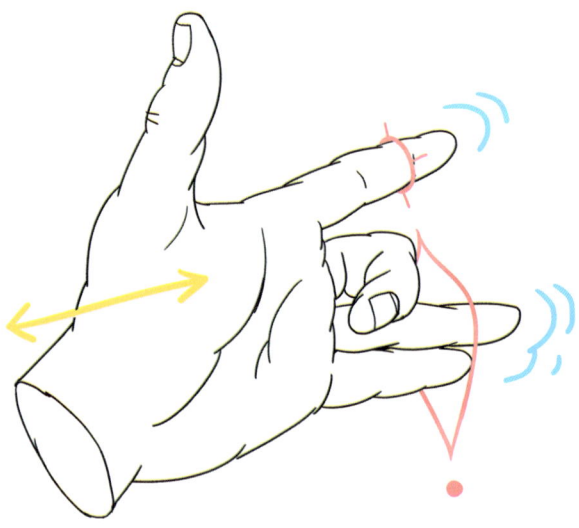

NO SE PENETRA LA VAGINA DESPUÉS
DE UNA SODOMÍA, ¡LEÑE!

En fin, a menos que realmente tengamos ganar de pillar unos hongos gigantescos…

Para limitar los riesgos, puedes proceder a un lavado anal y conseguir que Ente-Cosa se lave su sexo/dildo o cambie de condón antes de cambiar de orificio.

Al fondo del fondo

Tú, Cachivache, ponte a cuatro patas.

Tú, Ente-Cosa, mete tus dedos lo más profundamente posible en su ano (teniendo la precaución de haberlos lubricado convenientemente). Tus dedos tienen que tocar la pared finísima que separa el recto de la vagina. El movimiento es simple pero firme: imagina que tu antebrazo está teniendo un ataque epiléptico.

Puedo garantizarte que la sensación es exquisita...

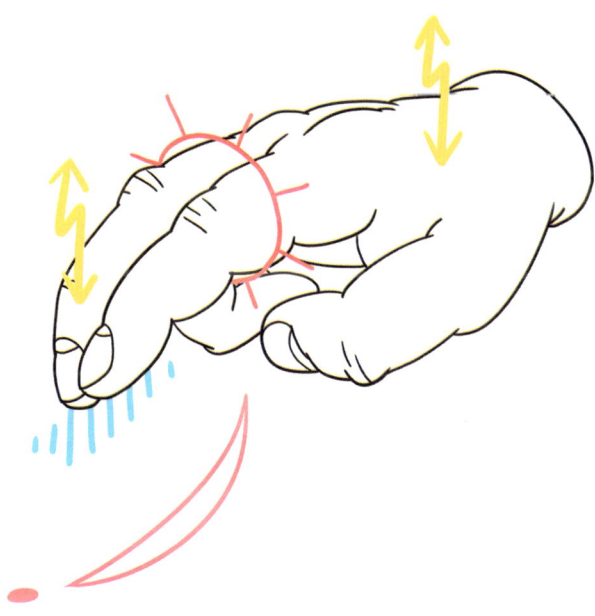

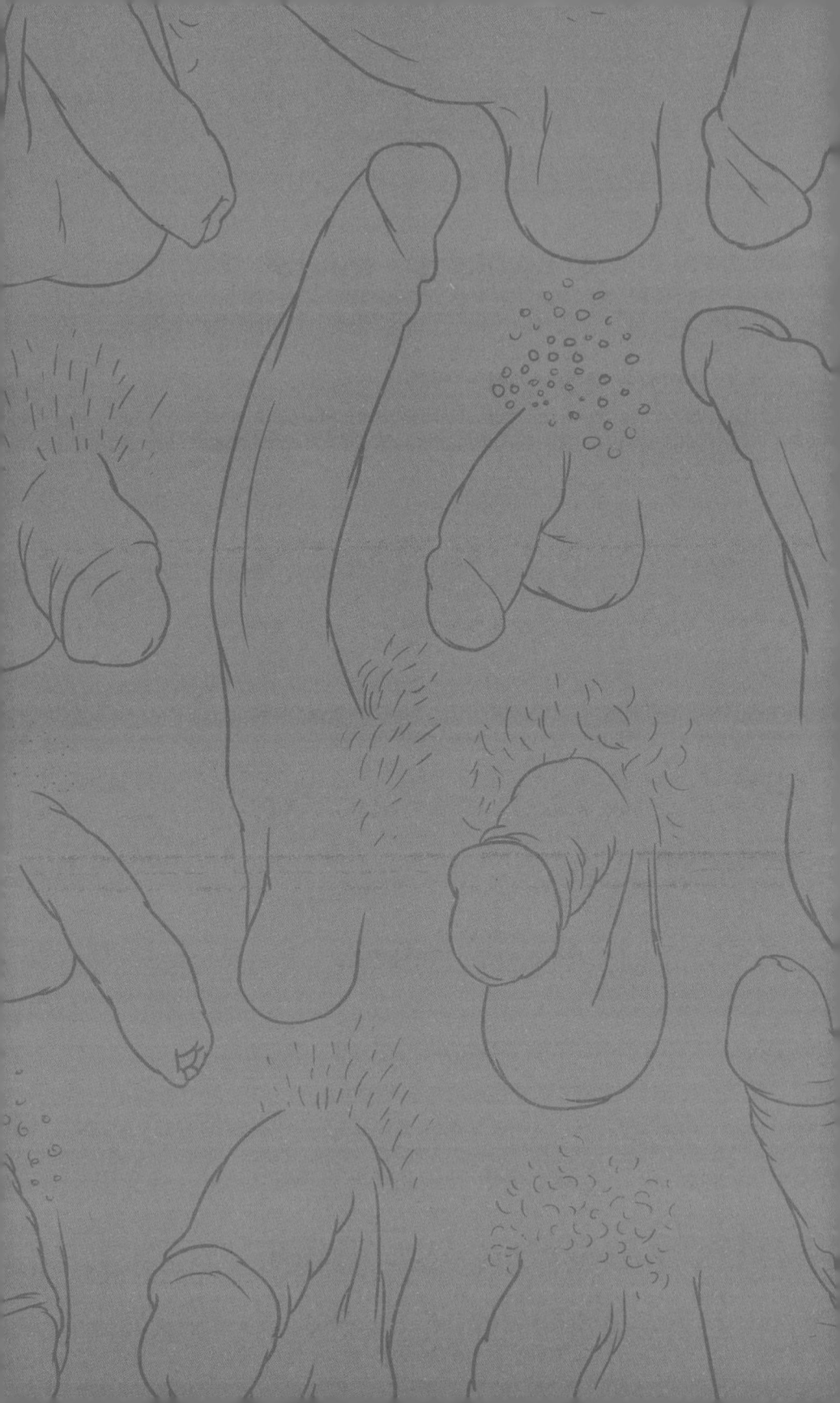

2.
LAS ZONAS DE PLACER DE MENGANITE

Shakapawoaow

Pues no, el pene no es únicamente una palanca para pelársela. Es mucho más complejo y sutil que eso y es bueno recordarlo de vez en cuando. ¡Si nos damos cuenta, las zonas de placer son (casi) exactamente las mismas que en quienes poseen una vulva! Podemos notar, en las diez zonas de las que hablamos aquí, sensaciones diferentes según cada cual. Quizás en tu caso tengas más o menos, nadie más que tú puede saberlo. Si crees que no tienes especial sensibilidad en determinada zona, no te preocupes. La ventaja, con la vida y la edad, es que los gustos y las sensaciones van evolucionando y es bueno de vez en cuando volver a probar una experiencia que no fue concluyente en el pasado. Ante la duda... ¡sería una lástima dejar de lado un nuevo placer!

CLÍMAX CLUB

Las 10 zonas de placer del pene y de sus alrededores

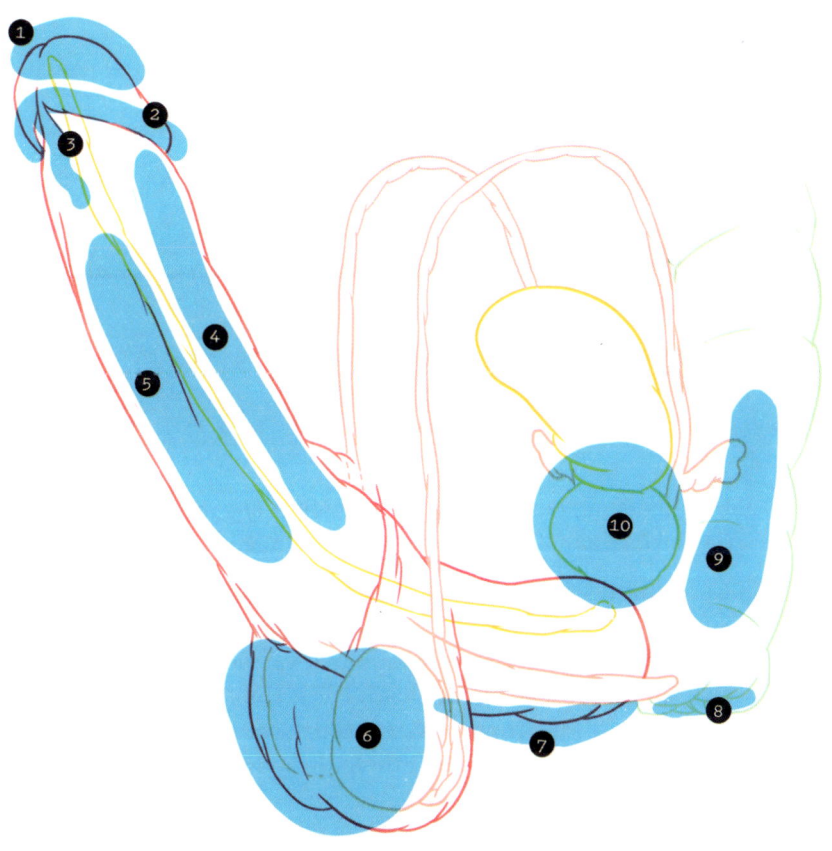

❶ **El glande** (estimulación externa)
No necesita presentación. Este orgulloso campeón es el homólogo del glande del clítoris. Le gustan los paseos a caballo, el arte contemporáneo y Dick Rivers. Pero también y sobre todo los besos con lengua.

❷ **La corona del glande** (estimulación externa)
Sensible y regordete flotador. Ama obstruir el principio de cualquier orificio.

❸ **El frenillo** (estimulación externa)
Frágil y delicado, no le gusta que tiren de él muy fuerte.

❹ **Los cuerpos cavernosos** (estimulación externa)
Al tocarlos, resultan más firmes que los esponjosos. Varía la sensibilidad según la persona.

❺ **Los cuerpos esponjosos** (estimulación externa)
Potencialmente la parte más sensible del pene. También puede servir como antiestrés.

❻ **Las pelotas** (estimulación externa)
Les gusta que les hagan caso. Y todos conocemos a alguien que tiene solo una.

❼ **El bulbo** (estimulación externa)
Situado entre el escroto y el ano. Si aprietas ahí, la sangre va hacia el glande, generando así una estimulación indirecta. El placer que esto produce es sin duda análogo al de la compresión de los bulbos del vestíbulo. Pero como no tienes conejo, no puedes comprobarlo. Bueno, yo tampoco lo tuyo...

❽ **El ano** (estimulación externa)
En sus horas muertas, huele como a cañaíllas cocidas. Pero es un buen inicio para quienes tienen miedo a la sodomía.

⑨ El recto (estimulación interna)
Sí sí sí...

⑩ La próstata (estimulación interna)
Solo hace falta un dedo para llegar a ella. Busca la bolita del grosor de una nuez.

La estimulación de esta zona y de sus alrededores puede provocar orgasmos súper potentes y muy diferentes de los que conoces con tu pene. La leyenda incluso habla de que le cortó momentáneamente la movilidad de las piernas a un amigo cuyo nombre callaré. Y no pienso que Jeremías sea muy trolero.

¡Todo esto para decirte que sería estúpido privarse de este placer!

Bueno, no hay una seguridad de que la próstata sea realmente una zona erógena. Hay una teoría que dice que es el bulbo al que se está estimulando desde dentro, y que entonces envía toda su sangre hacia el glande.

LA POLLA EN LA PRÁCTICA

*Déjame a mí
tralarí tralarí*

Paja a dos manos

He aquí una súper paja a dos manos que le gustará a todo el mundo, ya que la posición es muy cómoda también para quien la hace.

Menganite se acuesta y tú te pones de rodillas entre sus muslos. Empieza por lubricar un poco y rodea su sexo con tus dos manos, que se juntan como aparece en el dibujo. Después haz vaivenes apretando con suavidad con tus pulgares sobre el frenillo y deslizándolos sobre el glande cuando están arriba.

¡Ya me dirás qué te parece!

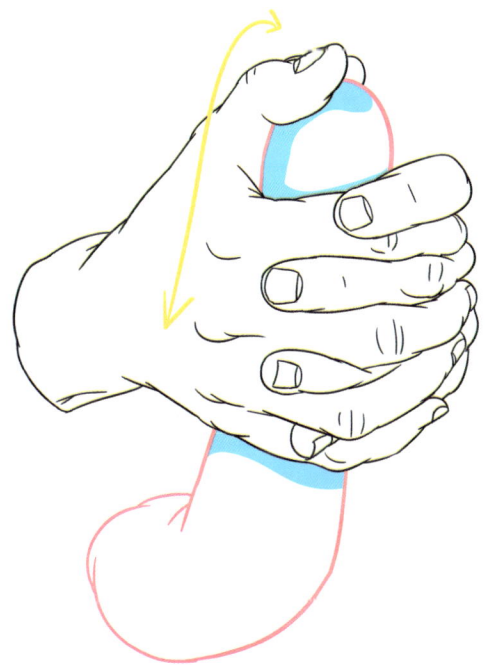

BUENO, ¿FOLLAMOS O QUÉ?

Los dientes del amor

Realmente no se trata de que los dientes rocen, sino de ejercer una presión ligera sobre el glande. Puede ser muy suave, créeme.

Hay que ir con mucho cuidado, no olvides que el glande es una zona muy sensible.

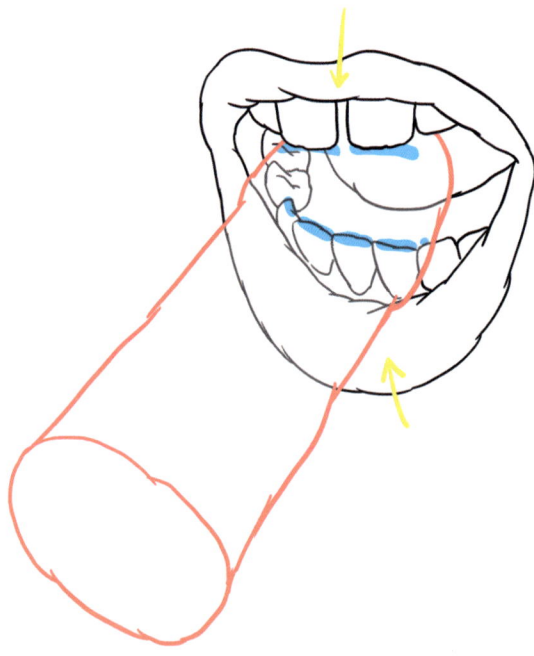

Opción palanca de cambios

Hacer una paja está bien, pero hacerla en plan profesional es aún mejor.

Durante la paja, puedes subir de vez en cuando al glande con toda la palma de la mano y realizar movimientos circulares, un poco como si fueras un *bartender* y secaras un vaso con forma de polla. Con suavidad y buena lubricación, puedes seguir con la paja...

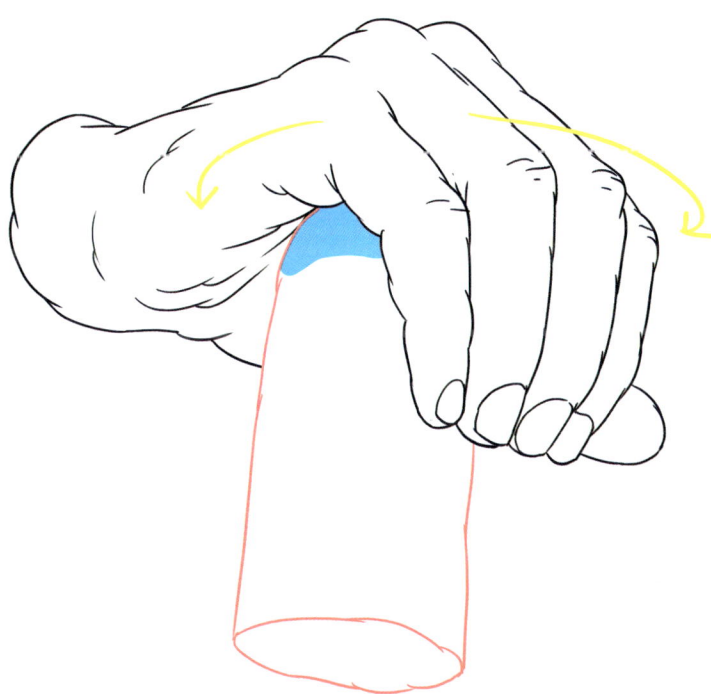

BUENO, ¿FOLLAMOS O QUÉ?

Pow Blop Wiiiizz

OK, Menganite tiene debilidad por los ruiditos con la boca cuando se la chupas. Así que he probado para ti un montón de técnicas, a veces absurdas, para producir el máximo ruido posible. He intentado pajear a Menganite con un bote de *slime* tirapedos, e incluso intentar usar su polla como un micro. Pero no llegaba a nada.

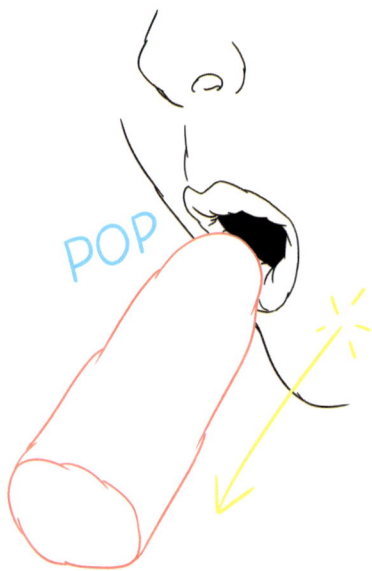

Y entonces me acordé de que adoraba chupar mis Calipos de un modo bastante singular. Te lo explico, pero... ¡nada de burlas, eh!

Lo meto en mi boca normalmente, como si chupara un plátano (¡vamos, lo normal, no!) y al moverlo para sacarlo, aspiro, lo que produce un sonido de tipo «¡POP!» cuando lo saco de mi boca.

Y no solo hace ruido, sino que además el Calipo parece disfrutar de esta nueva sensación de succión.

El hilillo

No hace falta hacer una garganta profunda para que Menganite flipe contigo. A veces es suficiente con jugar con tu saliva: escupir, mirar cómo gotea… Acercarte y separarte junto a un hilillo de baba mientras le miras a los ojos…

Un pequeño consejo antes de lanzarte en este delirio: evita comer galletas secas, cartón o arena justo antes. Lo mejor es beber soda para que esté pegajosillo… O una bebida caliente para activar la saliva.

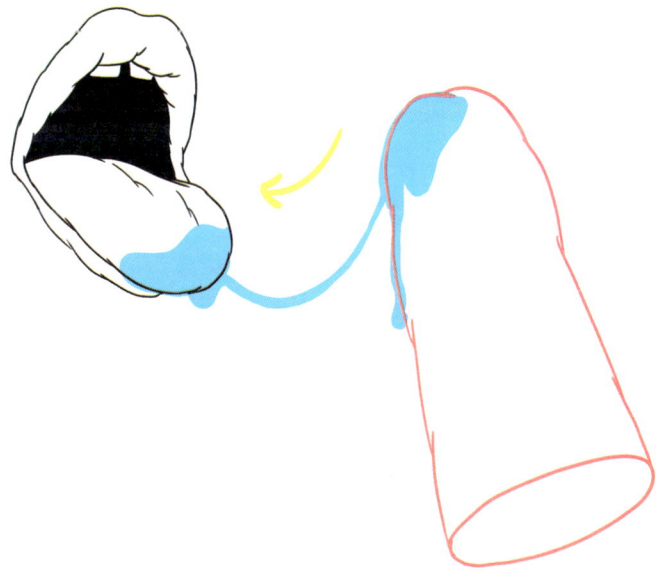

¿Te duele la mandíbula?

Puedes seguir produciéndole placer a Menganite mientras te relajas un poco con este movimiento simple y muy suave. Antes, después, durante la felación e incluso si has decidido que no piensas chupar...

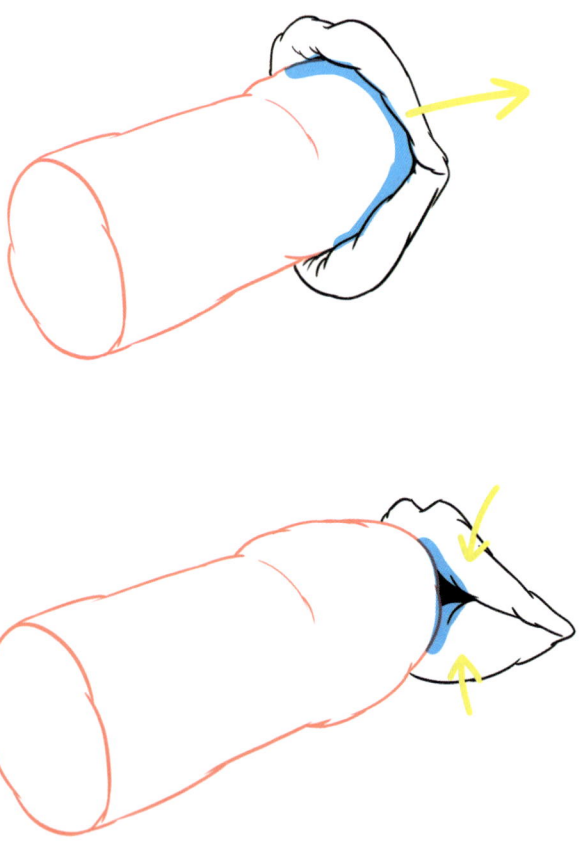

Masaje del glande

¿A quién no le gustan los masajes de cráneo? ¿Y quién no piensa que un glande se parece a una cabeza?

Bueno… pues partiendo de este principio, podemos considerar que todo el mundo ama los masajes en el glande. Imagina que tu mano es un masajeador de cabeza y realiza movimientos de vaivén, de arriba abajo. Relax asegurado…

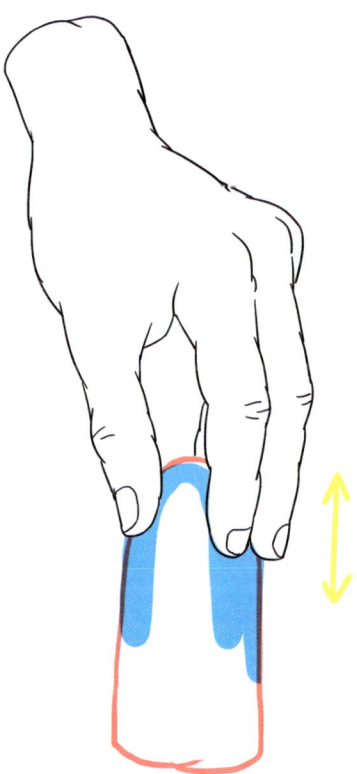

Vaivén suavecito

Los penes aman también la suavidad, así que coloca tus dedos alrededor de su glande, un poco como si estuvieras sujetando una rosa y quisieras acariciar sus pétalos. Eso es, muy bien, ahora, haz vaivenes muy suaves. Tu palma también rozará su sexo.

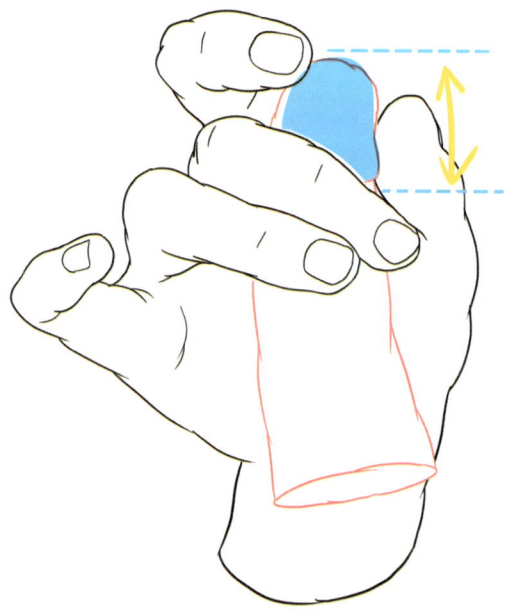

De profesión, especialista en efectos de sonido

Las gargantas profundas molan un montón pero no están al alcance de todo el mundo. Una vez que lo logras, hay que intentar también emitir un sonido, da igual cuál. La idea es de hacer vibrar el fondo de tu garganta y con eso cosquillear el glande de Menganite. ¡Ánimo!

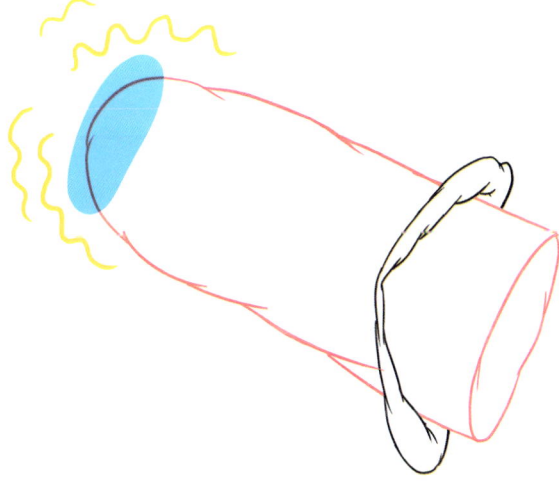

Cambio de velocidad

Tu palma sube a lo largo de su glande frotando el frenillo, y va a recubrirlo en su totalidad. Un poco como la palanca de cambios de un coche manual. Personalmente, prefiero los coches automáticos que ofrecen cierto confort, sobre todo en hora punta, cuando hay que arrancar, pararse, volver a arrancar, avanzar, pararse... Pero bueno, esto no tiene nada que ver con lo que estábamos hablando.

Vuelve a la posición 1, y así sucesivamente...

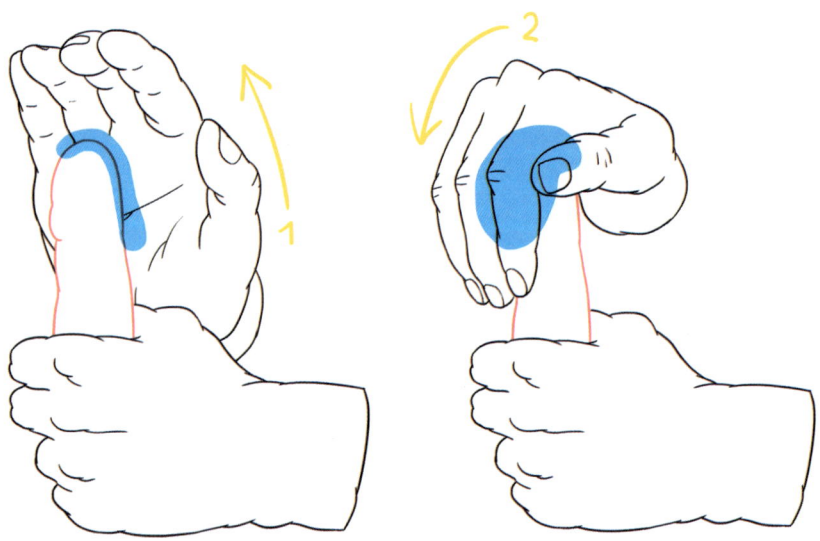

Simpática coronita

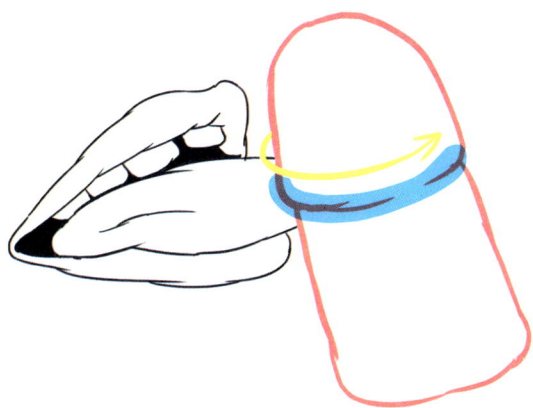

Hay algunas técnicas que permiten descansar la mandíbula aunque evitando relajarse demasiado. La entrega no es algo a tomar a la ligera, ¿vale? El dibujo es más bien claro, así que no me voy ni a molestar en explicarlo.

¡Abajo la corona!

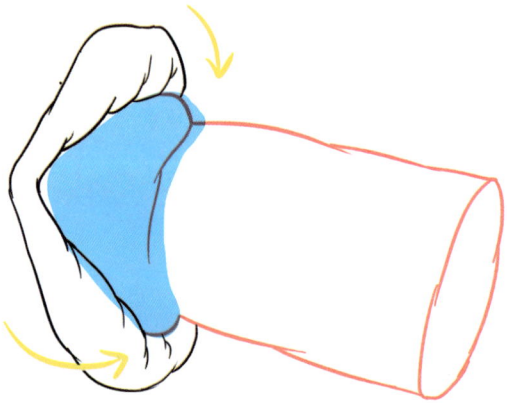

Una buena mamada es una mamada que sabe volverse suave por momentos. No sirve de mucho abrillantarle el nabo a Menganite hasta hacerle sangre. Estamos de acuerdo, ¿verdad? Así que te propongo que te encargues de su glande hasta la corona con la cadencia que quieras y con la presión que más te guste. Lo que puedo decirte es que a la corona le gustan mucho las atenciones.

Una cuestión de ángulo

Para maximizar tus posibilidades de hacer una buena felación, puedes tirar del pene hacia abajo para formar un ángulo recto con el bajo vientre. Esto intensifica el placer y además es mucho más práctico si quieres mirar a Menganite a los ojos.

Y si lo consigues sin usar las manos, pasas directamente al nivel profesional. En fin, es algo muy valorado.

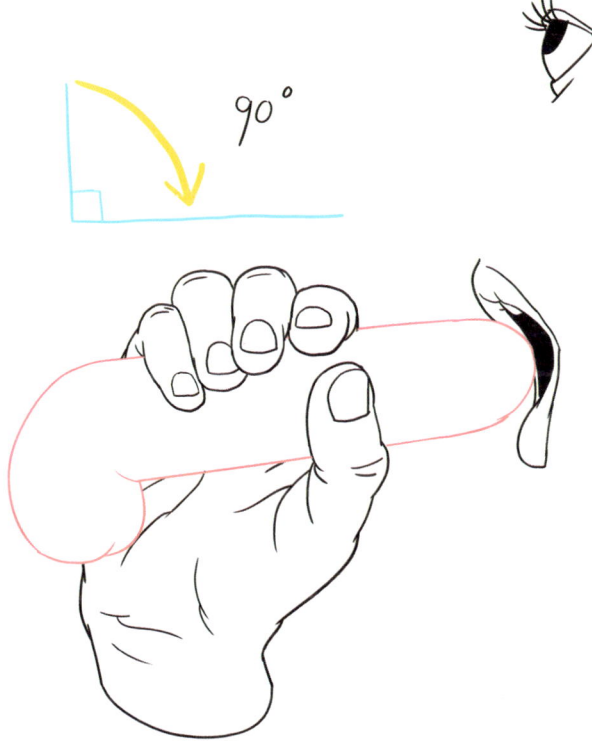

EL SECRETO DE UNA BUENA MAMADA

No existe realmente una receta milagrosa ni tampoco un único modo de proceder, pero de todas formas sí podemos observar algunas reglas sobre las cuales todos los penes estarán de acuerdo...

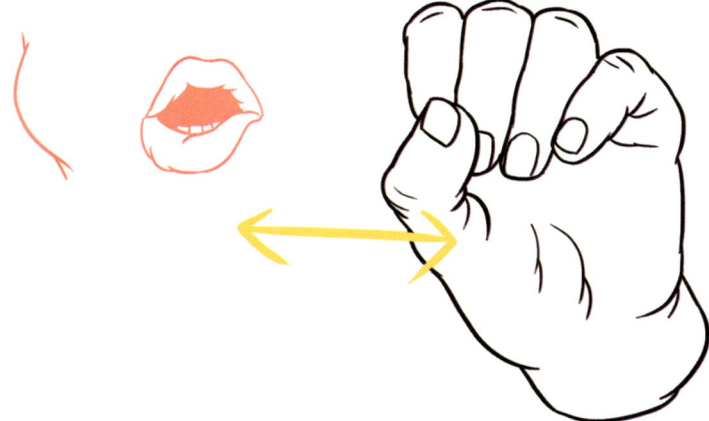

1

Deja que el deseo aumente. No basta con que Menganite se empalme para que entre en disposición inmediata de recibir tu masaje bucal supremo. Juega alrededor de su sexo, encuentra sus zonas erógenas y diviértete en fingir que te acercas a su sexo mientras le miras a los ojos. Es muy divertido ver la decepción en su mirada cada vez que te alejas.

2

No dudes en lubricar al máximo. Escupe sobre su sexo, deja gotear la baba, diviértete quitando su pene de tu boca para ver cómo os une el hilillo de baba, mírale a los ojos.

3
Ten cuidado con tus dientes y no tires demasiado fuerte de su frenillo (si es que tiene). Lo mejor es preguntar al principio, dejar que te guíe al inicio de vuestra relación, porque entre quienes tienen una circuncisión hecha, quienes son de frenillo sensible y quienes no tienen sensibilidad en el nardo, es fácil perderse.

4
Muestra creatividad. Hay miles de formas de chupar y de pajear. Lo primero, asegúrate de romper un poco el ritmo de tus movimientos. Puedes lamer, sofocarte, aspirar, escupir, mordisquear, masajear su bulbo, meterle un dedo por el culo, ajustar la presión de tu mano apretando cada vez más fuerte, realizar vaivenes al nivel de la corona del glande, o al revés, zumbársela con la mano más relajada, jugar con sus pelotas, lamer su frenillo para que se relaje tu mandíbula, lamer su bulbo, lamer su ano, aspirar su glande o sus pelotas...

5
Demuestra que sientes placer. Si lo piensas así, alaga su sexo, su olor, su sabor... No dudes en gemir como si degustaras el mejor helado de tu vida. «¡HMMM! ¡QUÉ BUENO ESTÁ ESTE CORNETTO!».

6
¡Comunícate, leches! Estos consejos no te servirán de nada si no te tomas el tiempo de preguntarle a Menganite qué le gusta.

7
Y por último, para las mujeres trans (y las bilingües), existe un excelente fanzine llamado «Fucking trans Women» de Mira Bellwether. No sé si está traducido, solo Dios sabe dónde encontrar la traducción.

Garganta profunda, modo de empleo

No estamos aquí para reír, así que déjame hablarte de la garganta profunda.

Para empezar, es algo que debe realizarse dentro del más grande los respetos. Si se trata de dominación, a pesar de eso no habrá que forzar a nadie o hacerlo en plan asqueroso. Y algunas personas ven la dominación en el otro lado: ¡es quien chupa el que lleva la batuta! Pues sí, colega.

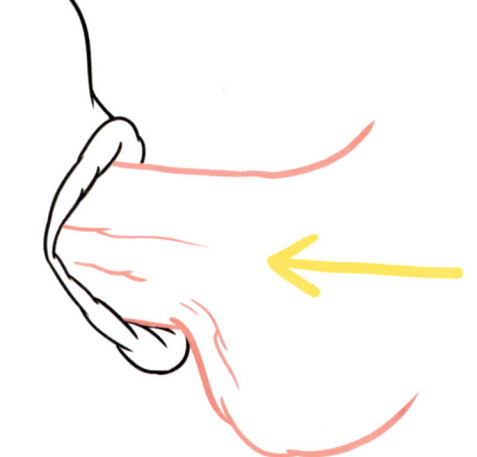

En todos los casos, habrá que establecer un gesto que le permita a quien chupa decir STOP.

Empieza preparando una toalla de emergencia. Verás por qué al final.

Se puede hacer de rodillas, pero el acceso a la garganta puede ser difícil, y por ende doloroso.

Recomiendo por lo tanto lo siguiente: pídele a tu pareja que se estire boca arriba, la cabeza saliéndose de la cama. Asegúrate de que su cuello forma una línea recta hasta la boca. Esta posición favorecerá una mejor inserción. Una vez adentro, deberías sentir como un estrechamiento alrededor de tu glande, eso quiere decir que tienes que salir rápidamente porque tu pareja no puede respirar.

¡Ah! Y puede ser que al sacarla te vomite en la cola, es la otra cara de la moneda... ¡Usa la toalla!

Concéntrate en el frenillo

El frenillo es una cosita delicada que hay que manipular con precaución. Es también una zona erógena que no hay que descuidar. Su sensibilidad varía de un pene a otro, por supuesto, pero siempre resulta muy agradable recibir golpes delicados de lengua en esta parte.

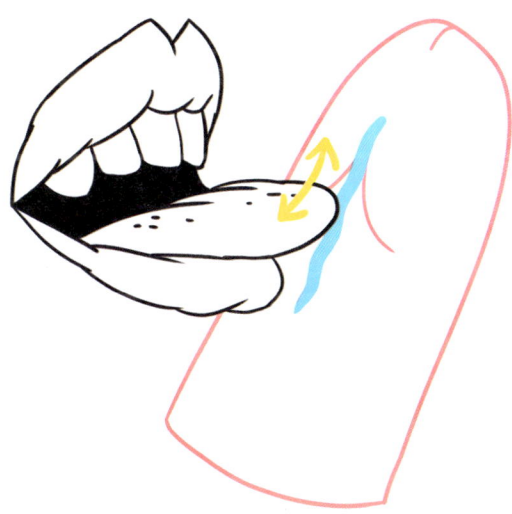

BUENO, ¿FOLLAMOS O QUÉ?

Pollatortilingus

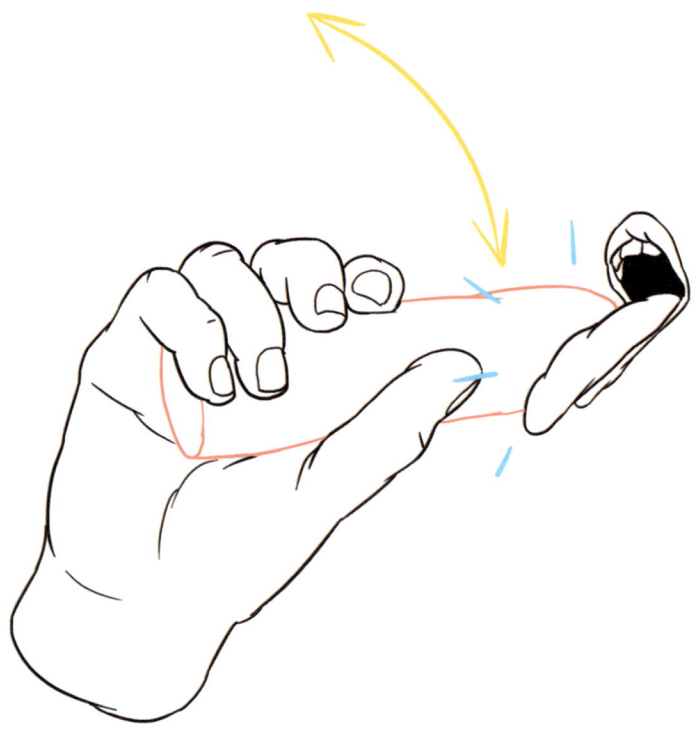

Que se j**a la delicadeza, aquí te propongo que te importe todo un carajo. Golpea su glande contra tu lengua, su frenillo se sacudirá completamente.

¿Bajamos un poco el ritmo? Delicadeza... Delicadeza eres tú.

CUIDADO CON EL FRENILLO DE MENGANITE

Sí, porque un pene, es algo frágil. La primera vez que alguien te lo zumba, siempre hay algo de estrés. Miedo a que te tiren demasiado fuerte del frenillo. Y sucede con bastante frecuencia...

Lo mejor, evidentemente, es ir despacito al principio y comunicarse para ir ajustando el movimiento. Así que ten cuidado con no tirar demasiado hacia abajo llevándote toda la piel. Si Menganite quiere que aprietes más fuerte, te lo dirá.

Y además es necesario que deslice, así que un pelín de lubricante/saliva nunca está de más.

Deeespaaaciiito

¿Volvemos a bajar el ritmo? Delicadeza, delicadeza eres tú.

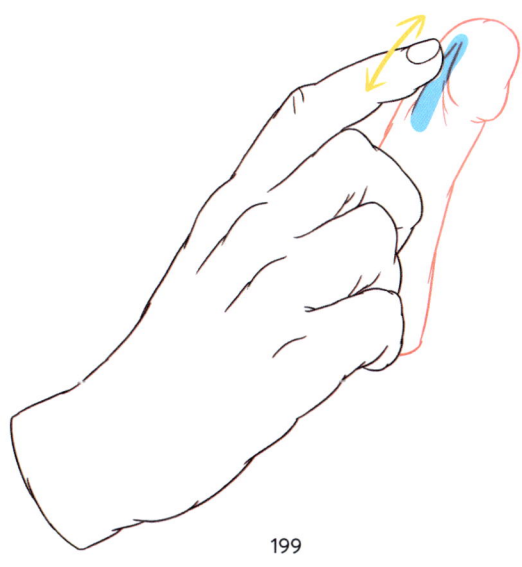

BUENO, ¿FOLLAMOS O QUÉ?

A lo largo

Este consejo no se aplica a los penes circuncidados. Bueno, sí, pero no la primera parte. Empieza por lubricar a saco el pene de Menganite con una mano, tira del prepucio hacia abajo con precaución para extraer completamente el glande, y deja tu mano colocada en la base del pene, justo sobre las pelotas.

Con la otra mano (también bien lubricada), haz vaivenes desde la base hasta la parte de arriba del glande. Puedes alternar la velocidad, hacer movimientos de rotación, escupir de vez en cuando encima...

Hala, así cambia un poco la típica paja con la piel que sube y baja y me han dicho que está muy bien.

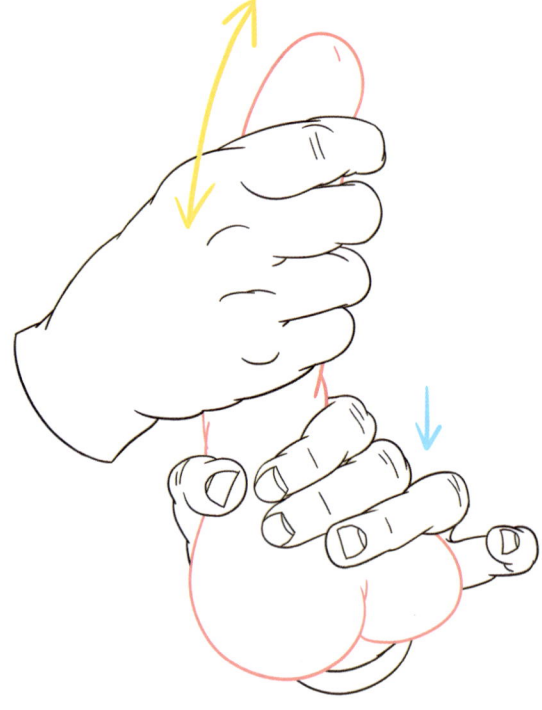

Un poco de estilo

Cuando te da pereza usar toda la mano, puedes agarrar el pene entre dos dedos y hacer vaivenes moviendo un poco la muñeca. Además te dará un aire más distinguido...

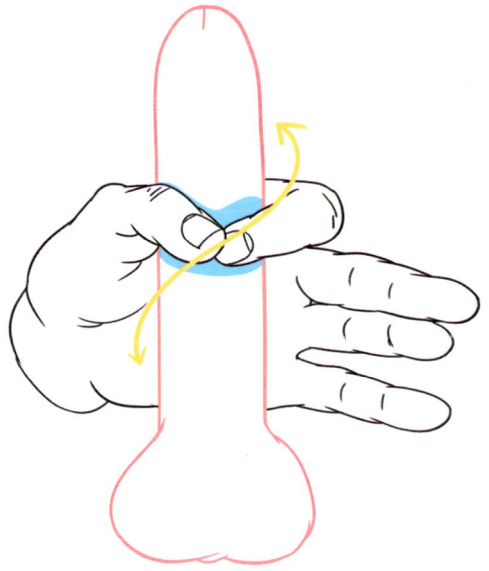

HEY, COLEGA, NO TIENES QUE DISCULPARTE SI PIERDES LA ERECCIÓN

Pues no, le pasa a todo el mundo y no es nada grave. Nada te impide manosear a tu pareja hasta que tu erección vuelva, o no. Bueno está lo bueno, como se dice.

Y te recuerdo que la penetración no es ninguna obligación para tener una relación sexual de calidad. Sácate eso ya de la cabeza.

Y respecto a la coordinación, ¿qué?

Piensa en lubricar mucho antes de lanzarte a este masaje. Las dos manos trabajan por turnos. Deslizas la mano derecha hacia abajo, y encadenadas directamente con la izquierda, y así todo el tiempo... En resumen, imagina que estás desenrollando un condón.

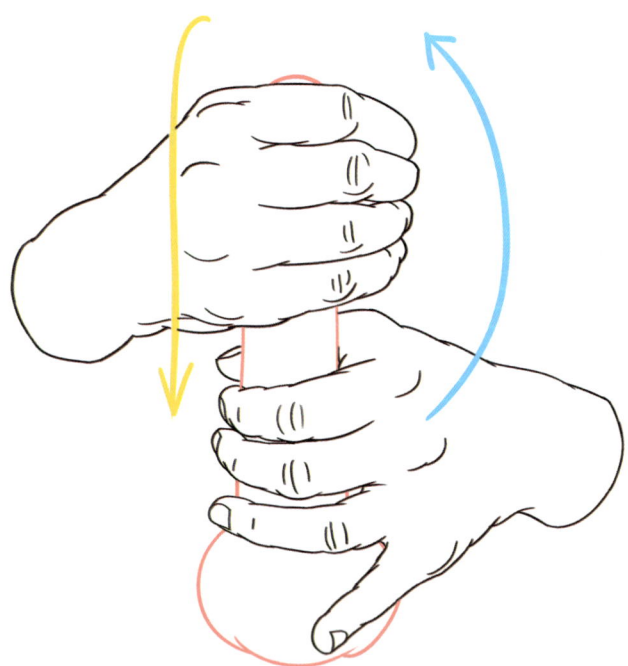

¡Motor, cámara...!

Esta paja al fin y al cabo es muy normal, salvo respecto al movimiento, que está adornado con una ligera torsión. ¡Antón, Antón, Antón pirulero!

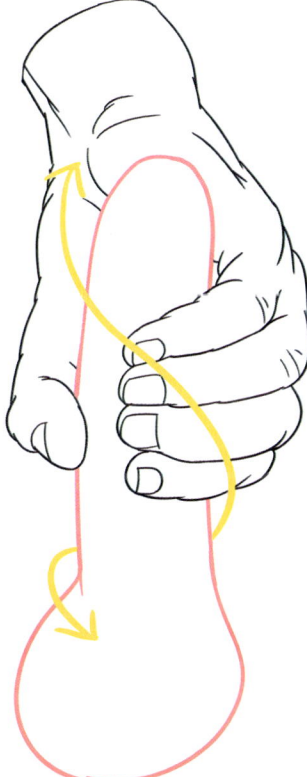

BUENO, ¿FOLLAMOS O QUÉ?

Antiestrés

¿Te estresa Menganite? Usa su polla como antiestrés. Pues sí, puedes apretar su pene más o menos fuerte, consúltaselo según sus ganas. Esta pequeña manipulación es muy agradable y además tiene el don de estimular una bonita erección, según el caso.

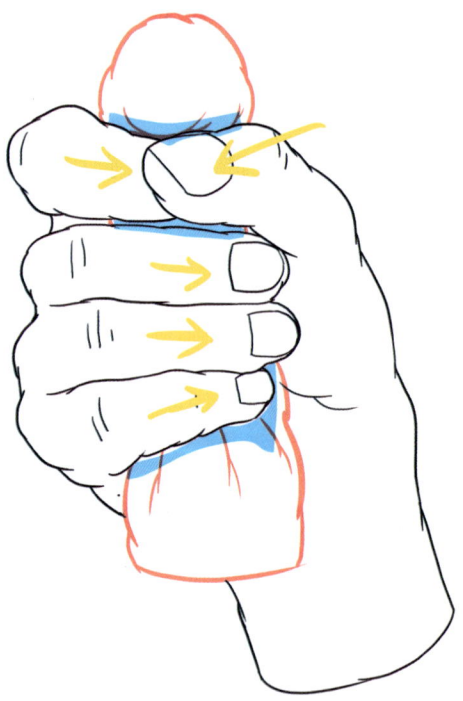

Footjob

¡Es el momento de brillar para quienes tienen los pies planos!

Con los pies limpios y no muy fríos, lánzate a un «footjob» digno de este nombre. De cara a Menganite, las piernas dobladas, tus pies están enfrentados y masajean su pene. Menganite puede facilitarte la tarea sujetando tus pies mientras trabajan.

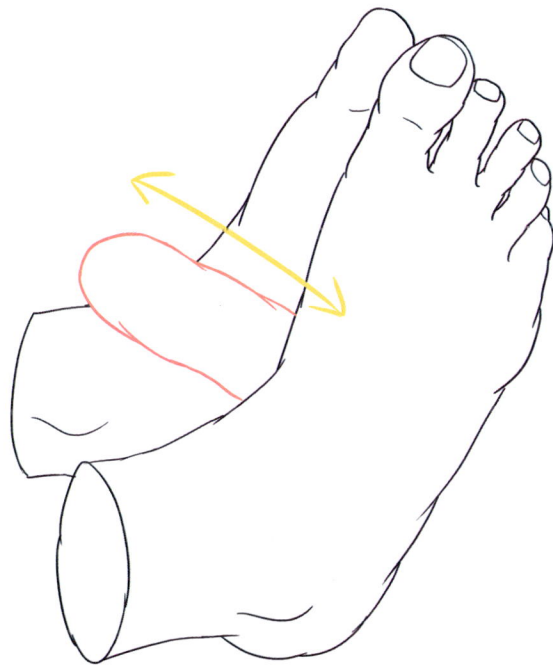

Paja de profesional

¡Allá vamos, paja de pro! Para este método, es imperativo alternar las pausas y los movimientos suaves para no arrancar el sexo de tu compi.

Menganite está boca arriba y tú a caballo sobre uno de sus muslos. Una mano colocada horizontalmente sobre su ingle, el pulgar apoyado sobre el bulbo.

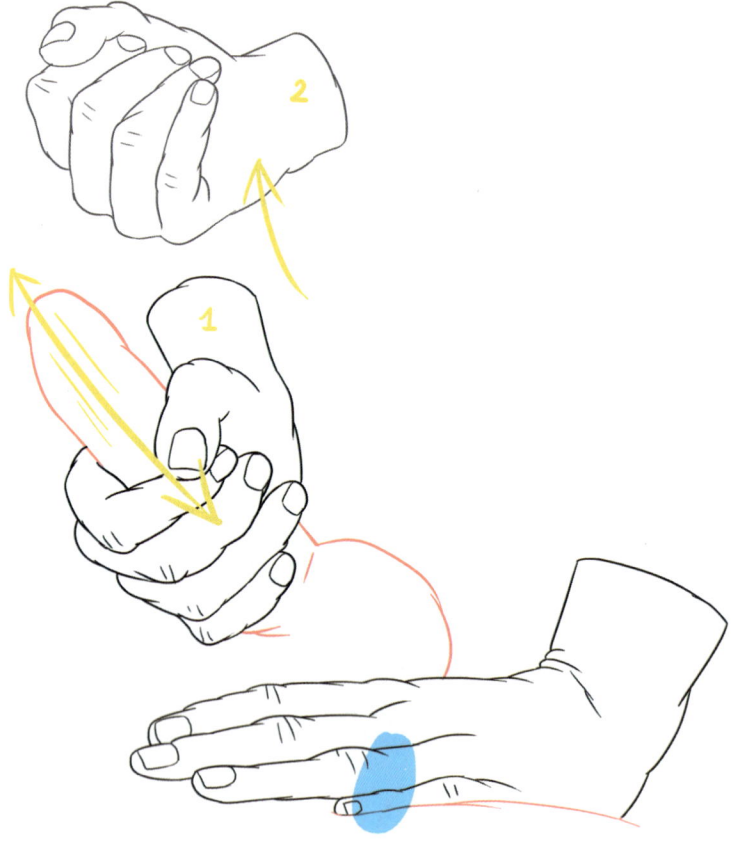

Con la otra mano, masturba con normalidad, e incluso con suavidad. Tienes que prepararte para ir más fuerte en un momento. ¿Ya estás? (ver 1) Tu mano aprieta su sexo con fuerza y masturba como si quisieras que Menganite se corra. Tienes que conseguir aguantar así 4 o 5 segundos. Va a enloquecer, y cuando sientas que se va a correr, quita la mano pajillera (ver 2) del pene para que respire. Espera a que Menganite ya no tenga espasmos. Vuelve y toca con suavidad. ¿Otra vuelta? GO!

La cubana

Si tienes pechos, y que encima son de una talla bastante notable, te aconsejo vivamente de practicar lo que llama «una cubana». Con un sujetador es más práctico, porque te dejará las manos libres para jugar al mus o incluso para echar lubricante.

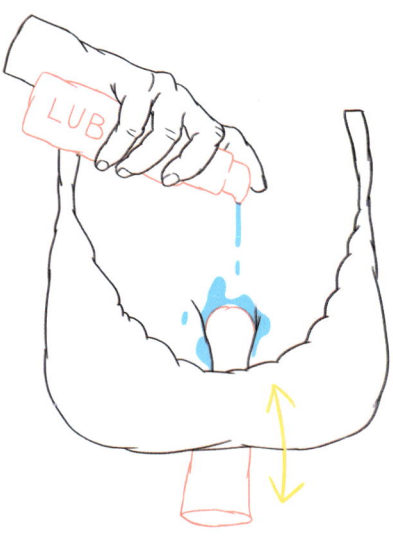

Bolonchos style

Los testículos pueden ser muy sensibles según la persona.

Así que aquí vamos a sorber las dos pelotas a la vez y aspirarlas enteras o de una en una.

También podemos aderezarlo con una pajillina tranquilina y suave.

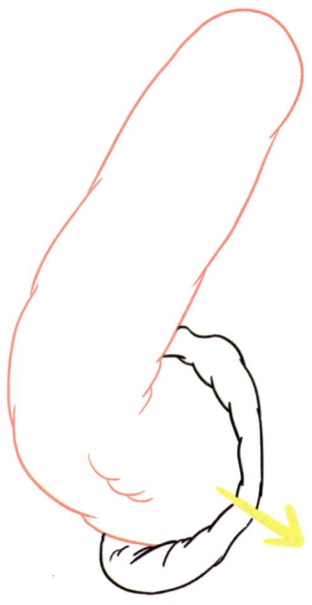

Ni sí ni no

Puedes encadenar la técnica anterior con un movimiento brusco de cabeza, como diciendo «no» mientras pegas tus labios contra la base del pene, la cosa es no arrancar el escroto. En cualquier caso, es importante que observes con detenimiento la reacción de Menganite durante esta práctica, no sea que de repente captes una expresión de dolor contenido en su rostro.

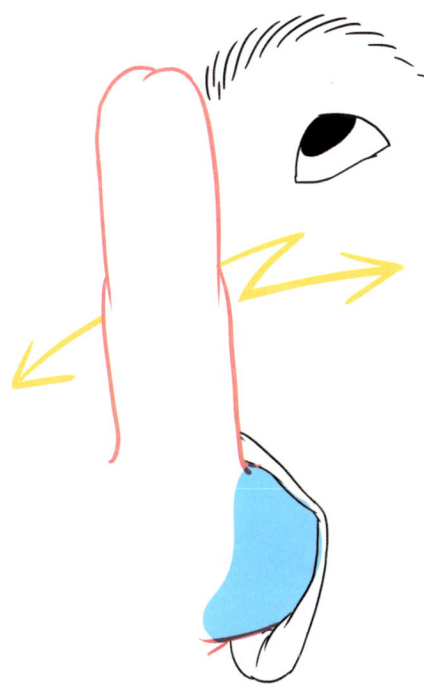

BUENO, ¿FOLLAMOS O QUÉ?

Las manos llenas

Si a Menganite le gusta, puedes agarrarle los testículos con todas las manos y apretar más y más fuerte mientras se masturba, o no. Eso sí, cuidado con las uñas.

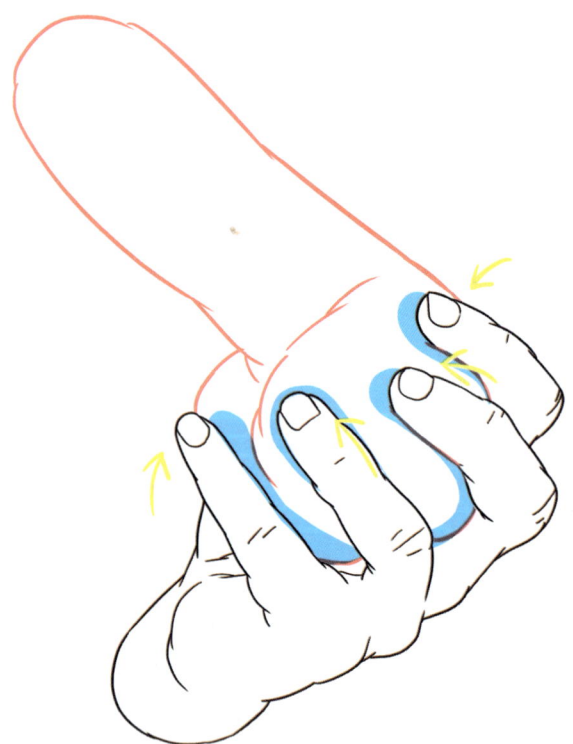

Te quiero, cojoncete

Chúpate esos testículos, leche. Empápalos completamente, frota tu cara, escupe encima. Vuelve a empezar.

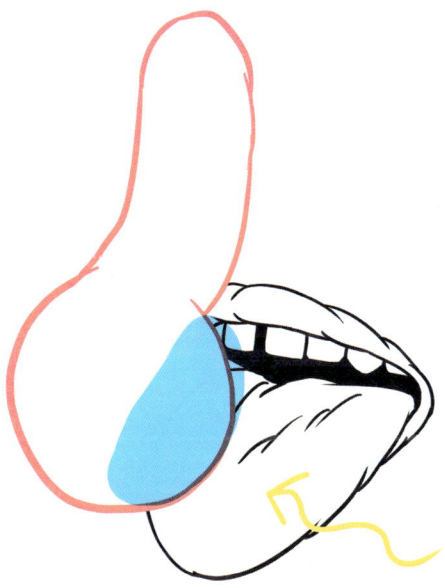

Siempre da gustito

Durante una felación, no dudes en masajear sus huevos. Eso siempre da gustito y además es práctico cuando no sabes muy bien qué hacer con tus diez dedos.

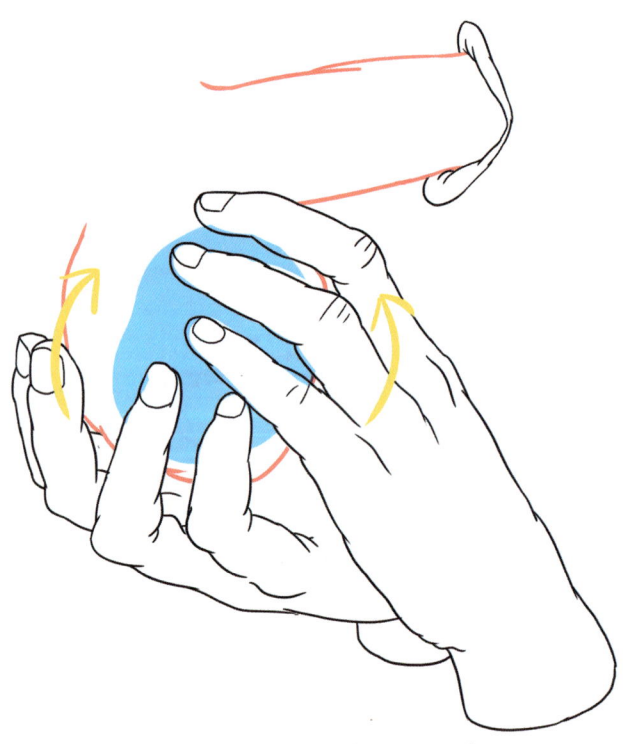

No se deja al bulbo de lado

Son muchas las personas que no saben ni cómo se llama esta zona. El bulbo es un lugar demasiado descuidado, y merece realmente que nos encarguemos un poco más de él. Es la continuación del pene, y según la persona, puede ser muy sensible.

Aquí, es lamiendo como vamos a rendirle los honores. Desde el ano hasta el escroto, algunas idas y venidas siempre serán apreciadas, variando la presión de tu lengua.

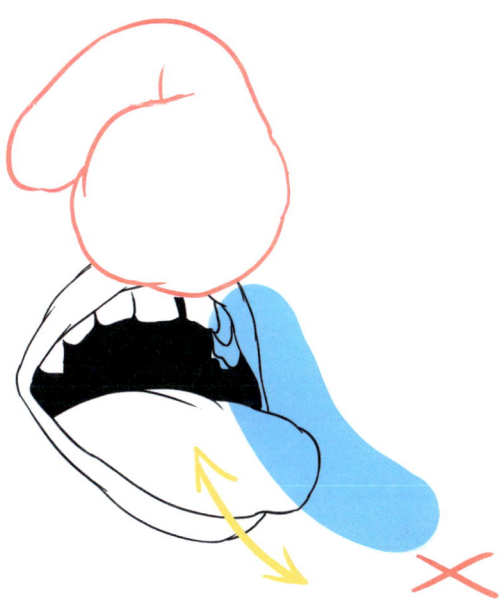

Masaje completo

Si no tienes el don de una buena coordinación, corres el riesgo de no conseguir llegar a practicar este masaje. Pero bueno, inténtalo, ¡nunca se sabe!

A ver: con una de tus manos, le haces una paja clásica a Menganite. En cuanto a la segunda mano, el índice y el dedo corazón están separados como se ve en la imagen y realizan vaivenes masajeando los lados del bulbo, y vuelven a subir hacia la base de las pelotas.

Este masaje puede hacerse de manera muy suave, pero según me han dicho, para apreciar plenamente los efectos, la presión debe ser bastante fuerte.

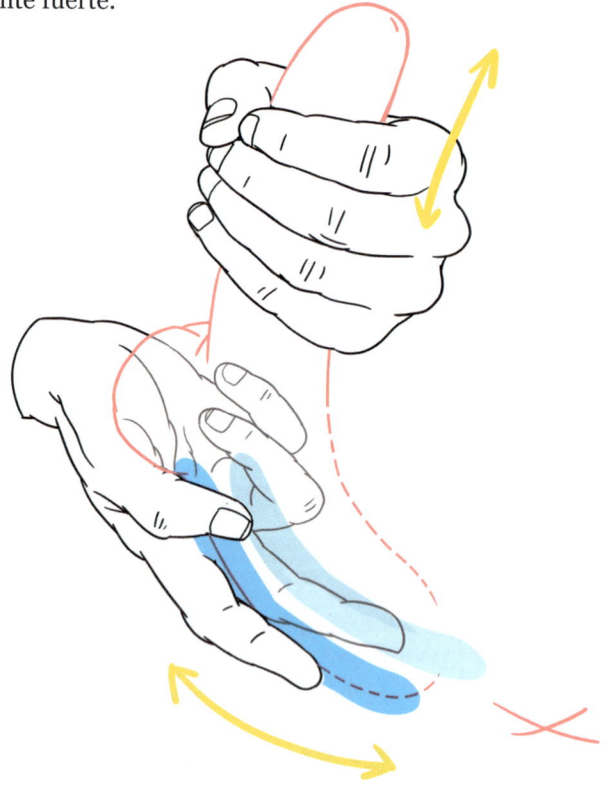

El puño al bulbo

Tu puño va a masajear firmemente el bulbo con un movimiento rotativo, conservando una presión constante sobre este. Vamos, como se ve en la imagen.

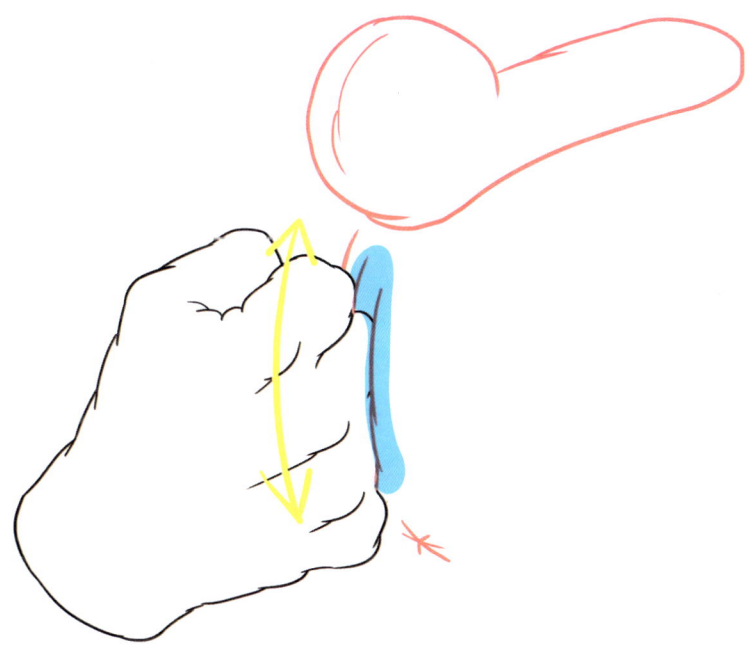

Rodilleando

Una mano atareada con su pene, una rodilla apoyada, de nuevo, firmemente sobre el bulbo. Unos pocos movimientos ligeros pueden acompañarlo. Pero cuidado, sus pelotas no están lejos, así que despacito.

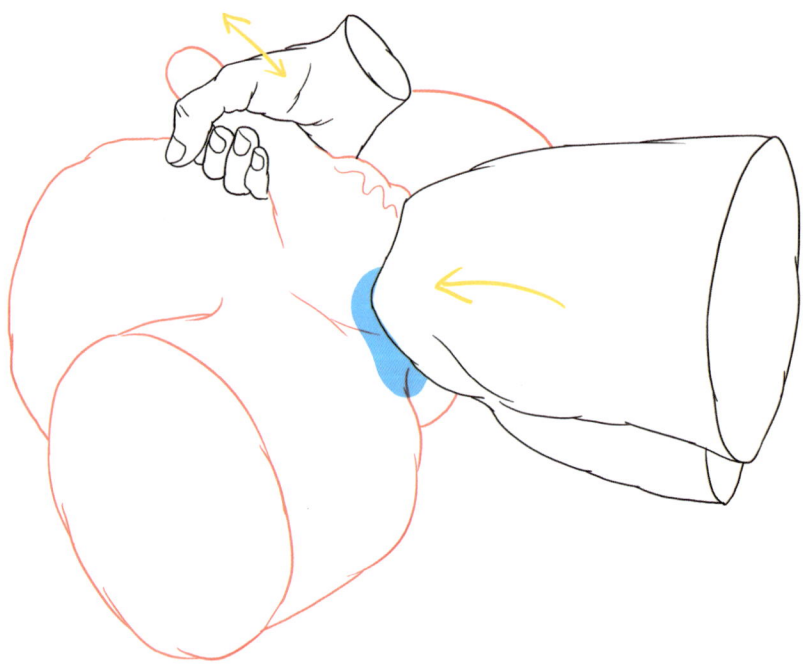

CLÍMAX CLUB

No comment

Imagino que estarás de acuerdo con que el dibujo se explica solo. Pues estamos de acuerdo entonces.

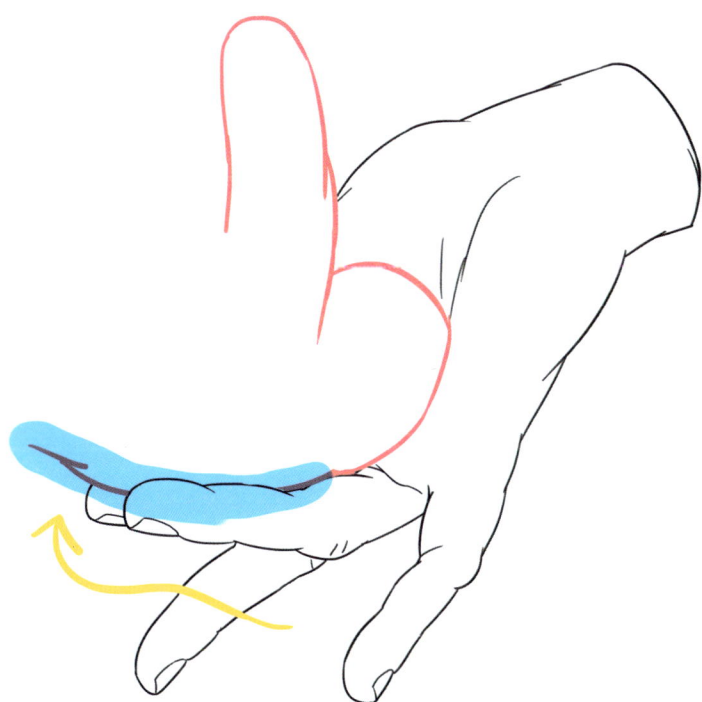

Vibrodedo en el ano

Verás cómo esto le gusta a Menganite.

El movimiento es simple pero eficaz: basta con apoyar tu dedo ahí donde estoy pensando y de hacer vibrar tu antebrazo a la vez que aprietas firmemente en la zona en cuestión. Y oye, si está bien lubricado, puedes meter el dedo dentro, por qué no… ¡Eso ya como tú veas!

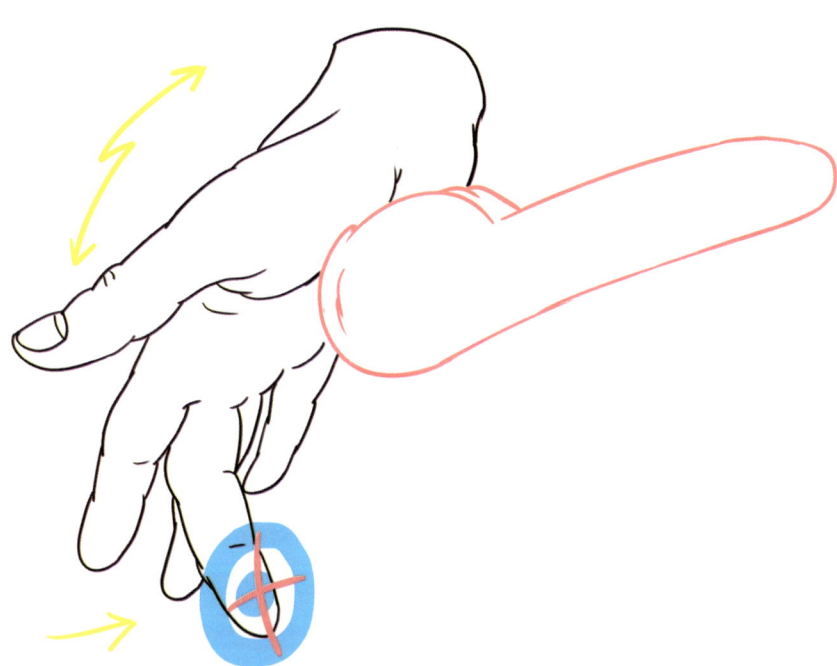

CLÍMAX CLUB

Para los/las lameculos

Las personas auténticas sabrán apreciar este mimito. Las lameculos, también.

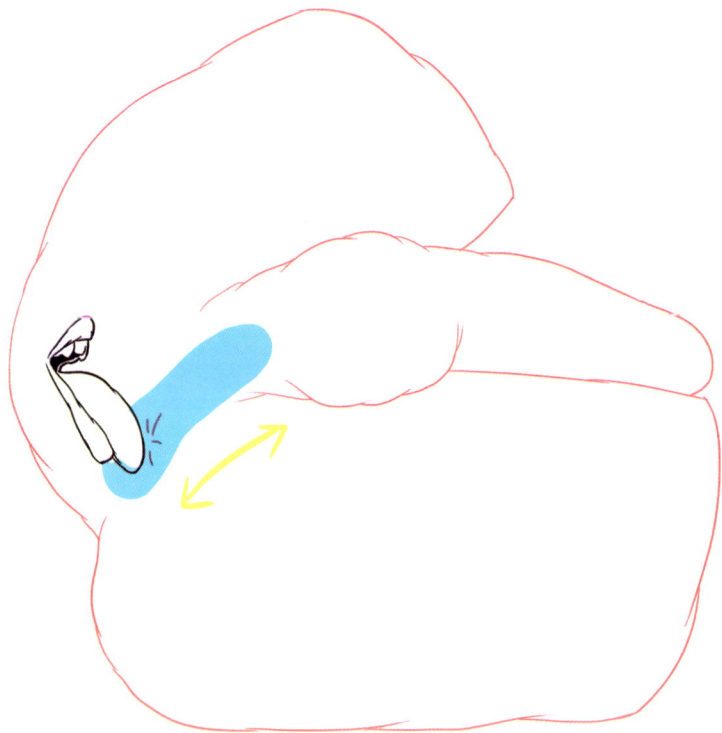

BUENO, ¿FOLLAMOS O QUÉ?

BZZBZZZZZBZZZZZ...

Las vibraciones del vibrador sirven para relajar los anos tan bien como el popper.

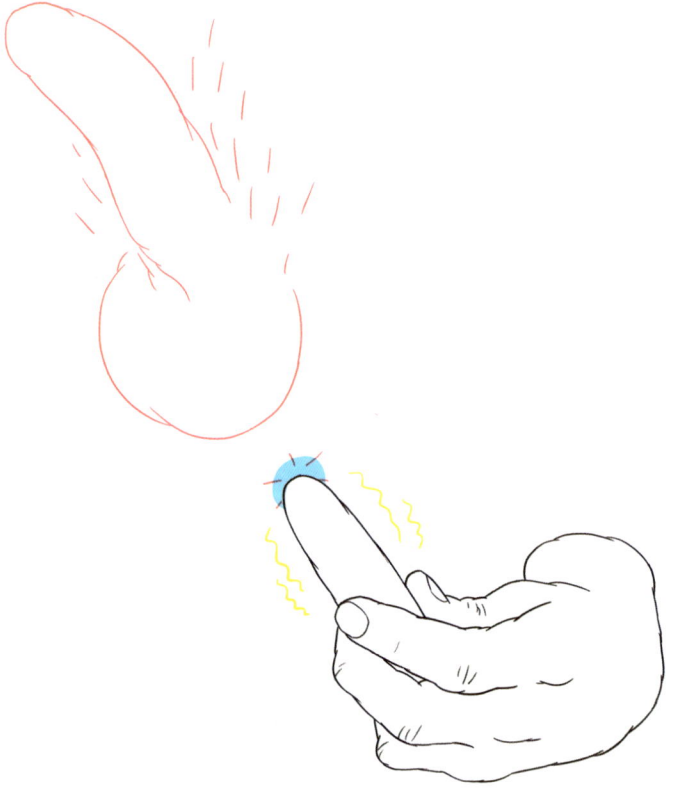

A los hombres
heterosexuales
también
les gusta
la sodomía.
Pero aún
no lo saben.

BUENO, ¿FOLLAMOS O QUÉ?

LOS TIEMPOS CAMBIAN Y LOS HOMBRES TAMBIÉN

Muchos hombres cis heteros me escriben para decirme que les gustaría explorar su culo. En tanto que mujer cis hetero, se me antoja igualmente un bache que pasar. ¡Pero figúrate que muchas troncas me escriben también para decirme que les gustaría proponérselo a sus chicos! ¿A qué estamos esperando?

Solo un dedo, por favor

No, tu dedo no olerá a la fuerza a caca si lo metes entre sus nalgas. Te arriesgas únicamente a hacerle mucho bien a Menganite, e incluso a procurarle un orgasmo. Oh, sí.

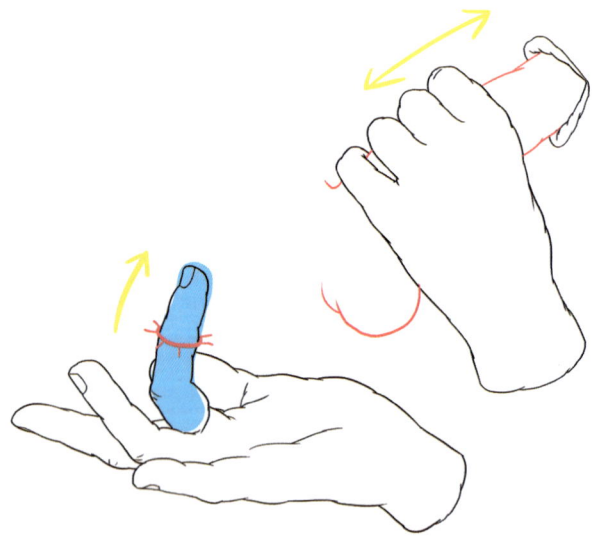

Prostatéate

¡Pasemos a las cosas serias y hablemos de próstatas!

Lo primero, que sepas que puedes realizar esto sin importar tu orientación sexual. Se trata de una práctica que se extiende más y más, ya que la próstata es una fuente de placer INTENSO y su estimulación te permitirá obtener orgasmos mucho más potentes que los «habituales». Te aconsejo que no te ocupes de tus genitales durante este ejercicio para concentrarte así en un solo tipo de placer a la vez. Evidentemente, puedes hacer esto en soledad, pero quizás resulte menos acrobático si te ayuda alguien. *Ready*?

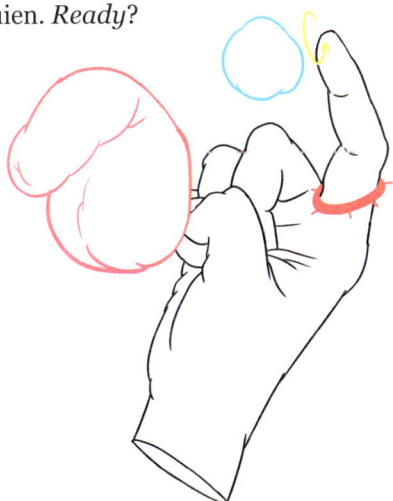

Ponte en una postura cómoda y empieza masajeando tu ano con un poco de lubricante para que la entrada se pueda realizar con más facilidad.

Una vez que sientas que tu ano está dispuesto a dejarte entrar, introduce tu dedo lentamente en la misma dirección que en la ilustración (tiene que estar dirigido hacia la parte delantera de tu pelvis).

Tu próstata no está muy lejos. La idea no es apoyarte encima o masajearla, al principio te aconsejo simplemente que la roces. Haz una prueba primero en la palma de tu mano: mira cómo resulta más agradable rozar que apoyar, da escalofríos, produce cosquillas. Es el efecto deseado al principio de la práctica. Después, eres tú quien manda...

P.D.: La primera vez puede ser decepcionante porque hace falta un poco de tiempo hasta conseguir domesticar tu culo.

Gracias a Adam, autor del «Tratado de los aneros» (súper aconsejable de leer).

Joya del ano

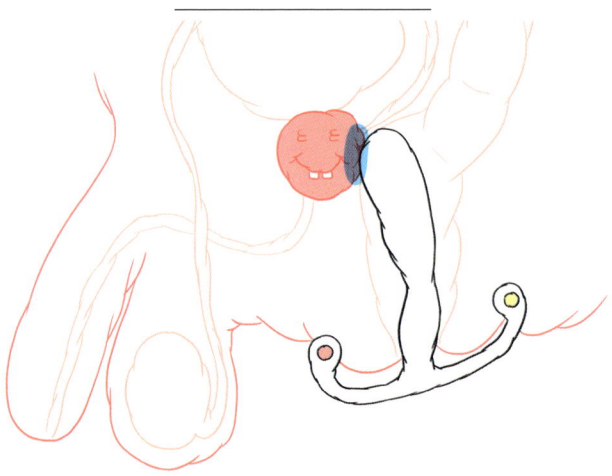

Esta carita tan feliz es tu próstata el día en que se encuentre con un masajeador prostático. Esta pequeña joya puede procurarte un orgasmo fuera de lo común, bastante más fuerte de lo que conoces con tu pene. Puedes utilizarlo en soledad contrayendo tu suelo pélvico para hacer que se mueva en el interior. Puedes llevarlo antes/durante/después del coito. Incluso puedes llevarlo puesto en el curro, sin ser detectado.

CLÍMAX CLUB

Vibrador de próstata

Es el momento de invertir en un buen vibrador para nuevas sensaciones.

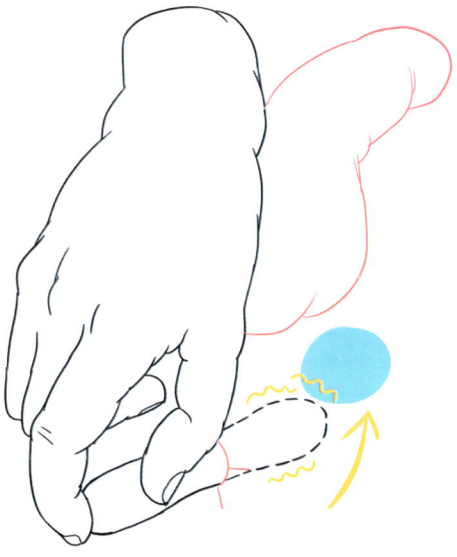

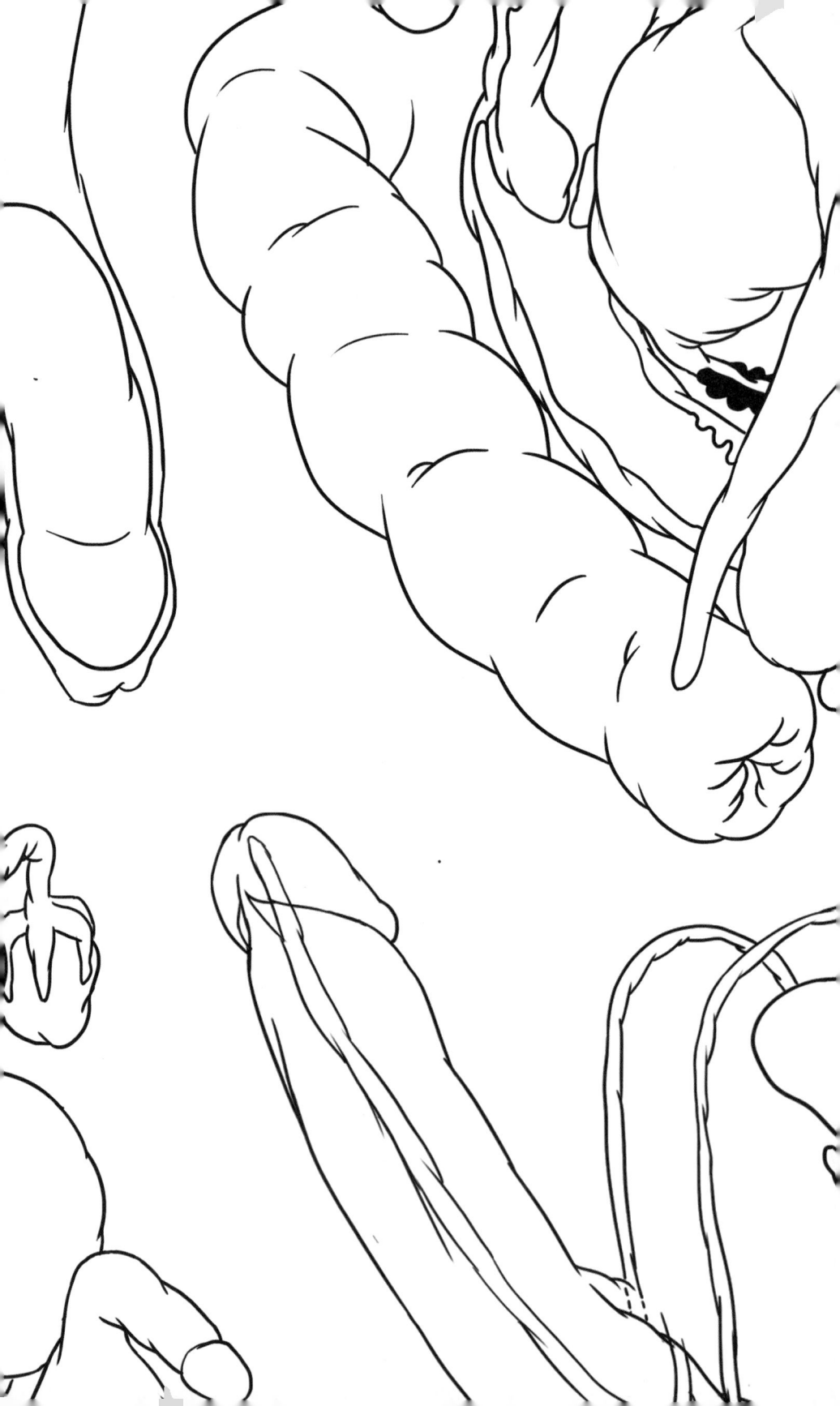

Con todos los nervios que tenía por enseñarte mis técnicas preferidas para manosear a Cachivache y a Menganite, se me había olvidado completamente hablar de las zonas erógenas... porque son igual de importantes que las zonas de placer directo, y merecen que les dediquemos un momento.

¡Ay, ese cuellín!

La zona del cuello y de los hombros me gusta particularmente, pero bueno, no voy a contarte mi vida. Intenta morder a Ente-cosa en esas zonas para que le den escalofríos por todo el cuerpo. Con suavidad al principio, para que los escalofríos sean suaves, y cada vez más fuerte para que esa sensación se propague por todo el cuerpo... ¡Mmm, qué bueno, madre mía!

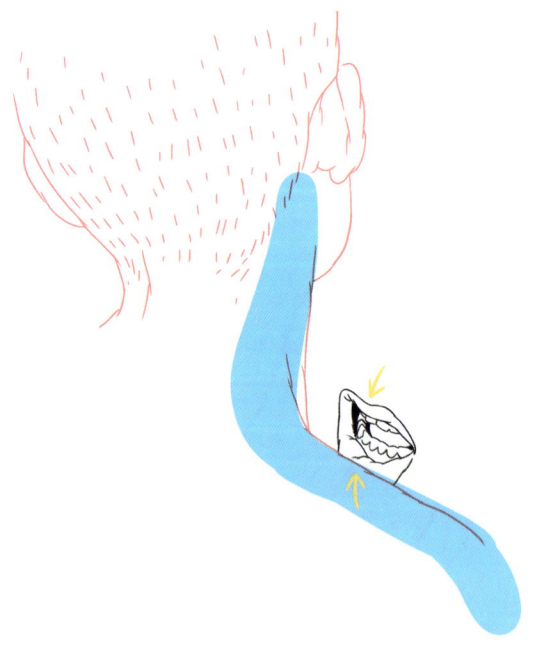

Rozamientos

La parte de los pechos es particularmente sensible, así que antes de cogerlos con las manos abiertas y de espachurrarlos, puedes ofrecerles un momento de escalofrío rozando esta parte con tu mano, una pluma, una hoja, un pincel, etc. En fin, con todo lo que tengas a mano, excepto papel de lija, claro. ¡Piel de gallina garantizada!

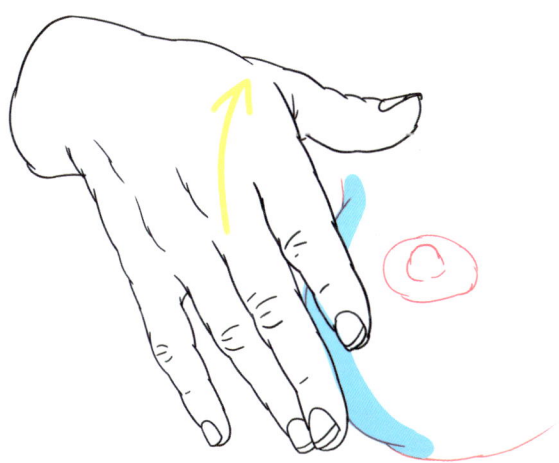

EL GOZO Y EL ORGASMO

Me preguntan muchas veces cuál es la diferencia entre «gozo» y «orgasmo». Quitando el hecho de que podrías encontrar fácilmente la respuesta en la gran Internet, te doy aquí mi definición de los dos términos.

El gozo es el placer que se extrae de una situación, sea sexual o no. Gozo de un bien inmobiliario / gozo con tu presencia, mi amor. A la pregunta «¿has gozado?», podríamos con frecuencia contestar «sí, pero no he llegado al orgasmo, cari».

El orgasmo es la culminación de una relación sexual extremadamente bien llevada. El gran ¡bum! que te hace comprender que tu placer está al máximo. Algo así como el gozo extremo.

Nota: el orgasmo no es un estado que ambos sexos puedan lograr sistemáticamente y el simple hecho de experimentar gozo puede hacer que tu polvete sea un momento de calidad. Es cuando no hay gozo cuando hay que plantearse ciertas preguntas...

Pezonlingus

En el caso de Menganite, la zona de los pezones puede ser extremadamente sensible. E incluso REALMENTE sensible, según el caso. Cuenta la leyenda que alguien hasta consiguió llegar al orgasmo mediante su estimulación.

Hay que imaginarse que Menganite tiene sendos clítoris colocados en vez de sus pezones y administrarles un buen cunnilingus. Muy suavemente, apenas rozándolos con la punta de la lengua... Alternando más fuerte, más rápido, menos fuerte... ¡Incluso mordisqueando funciona! O SEA, UN PEZONLINGUS.

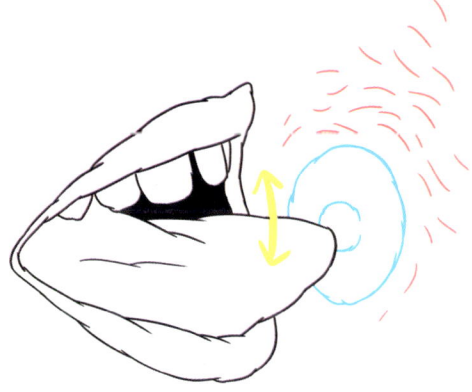

CREMA REPARADORA

La caléndula repara tu sexo dolorido después del amor. Se trata de una crema bio que podemos encontrar en las farmacias. Puedes untarla en la entrada de la vagina o sobre el pene, doloridos tras una larga sesión de penetración. Es también excelente para las grietas que salen al dar de mamar.

BUENO, ¿FOLLAMOS O QUÉ?

Orificios a gogó

Antes de poder montártelo con un pulpo del espacio (sé que es tu fantasía sexual), puedes de momento empezar a pedirle a tu pareja que investigue todos tus orificios. Algunas personas pueden verlo como un acto de sumisión, otras prefieren imaginar que son un solo ser, anidados uno en el otro, fusionados.

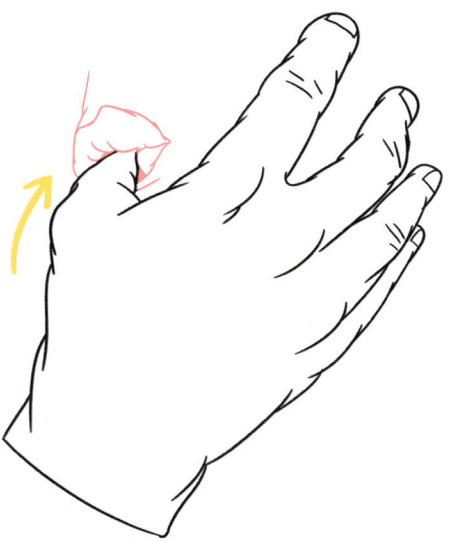

¿CONOCES LA CATEGORÍA EDUCATIVA DE LAS PLATAFORMAS PORNO?

Pues sí, viendo vídeos se puede aprender mogollón de cosas, como chupar en plan profesional, practicar un cunnilingus estiloso, los masajes eróticos, el sexo tántrico, etc. Francamente, es cojonudo. Pero es cierto que hay que buscar un montón...

CLÍMAX CLUB

Poc poc

Durante la penetración, o mientras lavas los platos, que te golpeteen en el ano es siempre un placer. ¡POC POC!

El dildo cinturón pero sin cinturón

Pues sí, es un dildo cinturón pero sin cinturón, y es mejor tener vagina para llevar esta pequeña joya, pero puedes meterlo en quien quieras, en la medida en la que dicha persona esté en posesión de al menos un orificio...

Aconsejo empezar por una talla pequeña para quienes quieran iniciarse en el culo. También es ideal para las relaciones lésbicas ya que hay una auténtica sensación de piel a piel.

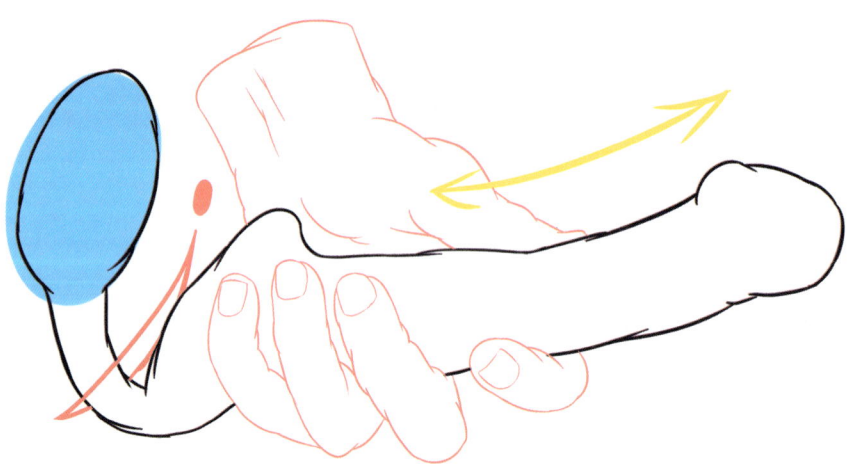

Pera de lavativas, modo de empleo

¡POOP POOPIDOU!

No está nada mal hacerse una pequeña lavativa de vez en cuando. Sobre todo cuando sabemos que nos van a encular.

Pera de lavativas, modo de empleo:

Cómprate una en una farmacia y vivirás un momento único mirando al/la farmacéutico/a directamente a los ojos por encima del mostrador.

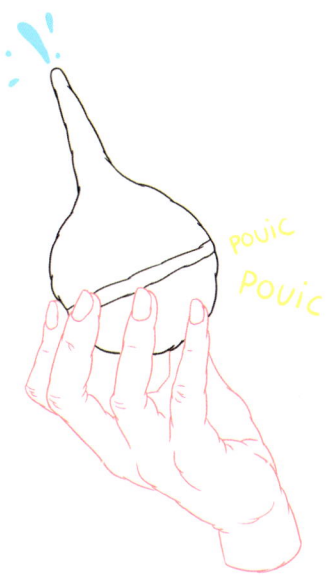

Hay que tener la previsión de hacerlo con entre 15 minutos y 2 o 3 horas de anticipación, según tu tránsito.

Empieza llenando el lavabo (limpio) con agua tibia.

Presiona la pera al máximo y cúbrela completamente con agua para que se llene.

Sácala de nuevo y presiónala ligeramente para asegurarte de que no queda nada de aire en su interior. Vuelve a cubrirla de agua por segunda vez para que se quede rellena hasta arriba. Esta fase no es obligatoria, pero te evitará llenarte el culo de aire y soltar enormes cuescos cuando estés en buena compañía.

Entonces vete hacia el wáter para incrustarte esta magnífica pera en el ojete. Vacíala dentro de ti y relaja sin forzar para que salga toda el agua —que hace nada estaba inmaculada— llena de caca.

Repite una o dos veces...

¡Ya estás prepar@d@ para que te sodomicen con total tranquilidad!

¡Y también está fenomenal para los problemas de estreñimiento pasajero!

Tea time!

¿Hace frío? Bebe un buen té caliente y coloca tus labios ahí donde la inspiración te lleve.

NO ES FÁCIL CORRERSE CUANDO NOS ACOSTUMBRAMOS AL PORNO

Para aquellos y aquellas que consiguen dejarse llevar por una peli pero no con sus parejas.

El porno es práctico, pero vuelve nuestro cerebro un poco vago. Nos acostumbramos a las imágenes ya preparaditas y, cuando nos enfrentamos a la realidad, es casi decepcionante.

No digo que el porno esté mal, pero me he dado cuenta de que, cuando dejamos volar nuestra imaginación o, mejor, cuando nos concentramos en nuestro placer, los orgasmos son francamente mucho más satisfactorios.

He aquí un plan *step by step* para salir de esta dependencia:

- Limitar el consumo de porno hasta conseguir parar es una primera etapa que requiere de mucha voluntad. ¡Pero puede hacerse perfectamente!
- Una vez te hayas desenganchado, intenta rememorar las escenas que te excitan e intenta correrte sin encender el ordenador.
- La tercera etapa consiste en hacer trabajar tu imaginación. Inventa tus propias fantasías de nuevo hasta el orgasmo. Puedes también encontrar inspiración en la literatura o en podcasts.
- Ya estás en el buen camino para intentar no pensar en nada más que en tu propio placer, sin ayuda visual o imaginaria. Este proceso puede llevar no poco tiempo hasta conseguir domesticar a tu cerebro, pero merece la pena, ¡prometido!

El coito podría ser una opción, no un objetivo.

Uuufff… Hace calor, ¿no?

Cuando hace calor, no dudes en chupar un hielo y en llevar tu lengua al sexo de tu pareja. ¡Refresco asegurado en períodos estivales!

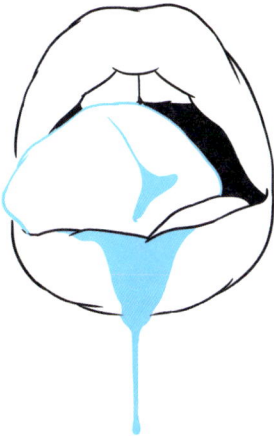

Muy planita

La lengua bien planita, sin dudarlo, es así como se lame un ano. Ni más ni menos.

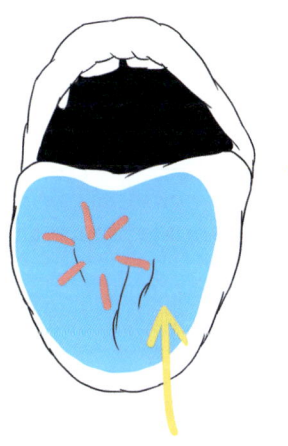

LAS ALEGRÍAS DEL AUTOPLACER SAGRADO

Es un ritual mágico que te va a permitir replantearte los límites de tu cuerpo, enseñarte a quererte, o simplemente reaprender a tomarte tu tiempo...

Antes de nada, recoge tu habitación, hazlo de modo que resulte acogedora y agradable. También puedes decidir hacerlo en plena naturaleza.

Olvídate de *youporn*, no te hará falta. Así que apaga tu teléfono y tu ordenador (a menos que desees escuchar un poco de música).

Apaga la luz y enciende unas velas. Para un mayor ambiente olfativo y de relajación, pon incienso o usa tu difusor de aceites esenciales.

Prepara un espejo, aceite de masaje y un dildo (si no tienes, también puedes usar un calabacín bien lavado y que sea bio) y pon tu música.

Hala, ya estás, podemos empezar.

– Primero dite en voz alta qué es lo que quieres desbloquear en ti.

Bueno, no hay ninguna obligación de tener un bloqueo, también puedes desear relajarte o tomarte tu tiempo por una vez... La decisión es tuya.

– Ahora toca echarte el aceite de masaje por el cuerpo. Acaricia tu piel de la cabeza a los pies. Tómate tu tiempo y mírate en el espejo. Mira qué bello o bella eres a la luz de las velas. Aprecia este momento.

– Después te tocará a ti decidir qué hacer. Puedes probar una nueva técnica de masturbación, intentar autosodomizarte, descubrir tu vagina y sus misterios con tus dedos, probar tu esperma, etc.

En fin, hay miles de formas de explorar tu cuerpo y hacerlo en soledad puede ser un medio estupendo de ir más allá, porque nadie te mira, no hay por lo tanto motivo para sentir ninguna vergüenza. ¡Suéltate, peque!

¿No te parece que estamos bien así, con el ano relajado?

El vibrador sobre el ano, es la vida. Y más si hay química.

EN LA CAMA, SOY TODO LO CONTRARIO A LO QUE SOY EN LA VIDA.

Ok, no es un hecho comprobado para todo el mundo, pero a veces sucede que el temperamento de una persona muta completamente cuando está practicando sexo. Así, una persona introvertida, tímida, discreta, etc., puede convertirse en una auténtica fiera o dominador/a en el catre. Igual para quienes son extrovertidos/as, las personas poderosas o de fuertes responsabilidades, que se descubren pasivas, intimidadas o sumisas en la cama.

Es como si el sexo diera un espacio para liberarse de la persona que somos o que nos esforzamos por ser en nuestra vida cotidiana. Algunas personas dicen que esto es una perversión, pero yo prefiero imaginar que aquí revelamos nuestro «lado oscuro de la fuerza», ¡lo que aun así vuelve a la cosa más sana!

BUENO, ¿FOLLAMOS O QUÉ?

Atornill-ano

Tu dedo bien húmedo se posa sobre su ano y realiza circulitos pequeños. Qué manera más estupenda de entrar en materia...

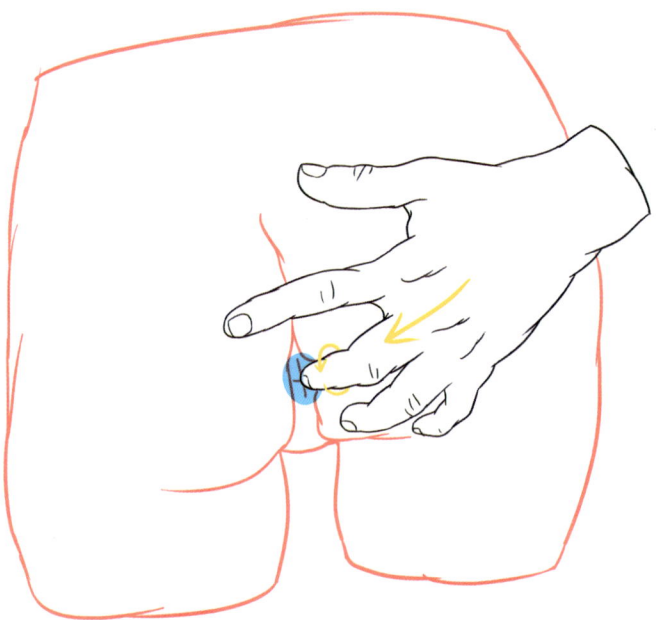

CLÍMAX CLUB

¡Aquí mando yo!

Terminemos a lo grande con un pequeño consejo sobre sodomía para principiantes. Si nunca la has practicado, de verdad que entiendo todas tus inquietudes respecto a la sodomía, sobre todo si es a ti a quien van a encular. Pero tranquilízate, tengo una técnica concebida para que puedas pasar un buen momento.

Dile a Ente-Cosa que no se mueva y que coloque su pene/dildo como aparece en el dibujo. Es importante que entienda que no debería ni intentar mover las caderas, ni siquiera un poco, ya que eres tú quien vas a dirigir la sesión. Tienes que sentirte en control y no estar a merced de un mal movimiento de pelvis que pueda herirte, así que bájate la ropa interior, ¡eres tú quien manda! Tómate tu tiempo, ve tranquilamente y, sobre todo, cuando lo sientas. También puedes encargarte de sujetar su pene/dildo si eso te tranquiliza aún más.

Sobre todo no te olvides del lubricante, puede ayudarte.

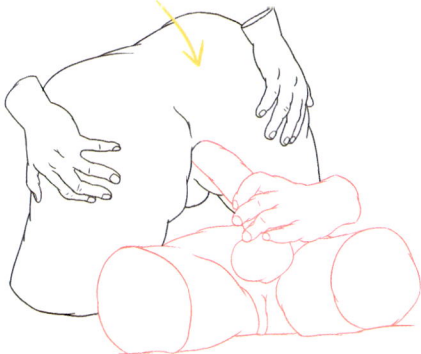

DESPUÉS DEL SEXO, EL *DEBRIEFING*

Para mejorar y ajustar nuestros movimientos y los de nuestras parejas, deberíamos tomarnos un momento para comentar lo bueno y lo malo. Y darse besos también... Un montón.

Es hora de concluir

Hubiera podido hacer todavía mil dibujos más y no terminar nunca este libro, porque hay muchísimas cosas que decir sobre el sexo. Pero mi editor me presionaba y creo que yo también necesitaba volver a una vida normal. Tener que tomar notas durante los encuentros sexuales, os aseguro que es totalmente agotador...

En cualquier caso, ¡bravo! Has conseguido leer todo este libro escrito en lenguaje inclusivo. Más allá de la gloria pérfida que supone imaginaros abordando este ejercicio cerebral de alto voltaje, es una manera de escribir que, espero, resultará significativa pronto y en todos los medios.

Si tuvierais que retener únicamente una cosa o dos de este proceso, es que ya es hora de salir el esquema clásico y que nos ha alimentado toda la vida. Tenemos que separarnos de las representaciones que nos han inspirado en el pasado, ya que nos encierran en una sexualidad culpabilizadora, dolorosa y aburrida. La igualdad bajo el edredón empieza por la deconstrucción de los mandatos que nos machacan desde hace demasiado tiempo. No hay «penetrador/a» o «penetrado/a», no hay que preguntar que «quién hace de "hombre" y quién de "mujer"». No hay sometidos/as ni dominadoras/as (salvo si eso os pone, claro). En fin, que no hay normas, solo cuerpos que deberían expresarse en completa libertad, sin vergüenza ni obligación. No os esconderé que no se trata de un proceso fácil de poner en práctica, yo misma tengo aún un montón de cosas que trabajar... Y realmente os agradezco todos vuestros testimonios, que han conseguido hacerme avanzar y crecer en el transcurso del último año. Es algo bonito, la ayuda mutua. Y este proyecto es bonito porque estaba lejos de escribirlo sola... Éramos 280 000. <3

Y como diría aquél: «Me piro, vampiro».

Agradecimientos

Muchísimas gracias a todas las personas que me han ayudado, inspirado, apoyado, masturbado.

Para empezar, 280 000+++ GRACIAS a quienes me siguen en Instagram, sin quienes no sería nada. ¡Me habéis enseñado tantísimas cosas gracias a vuestros testimonios! Habéis sido mucho más que una fuente de inspiración, habéis escrito totalmente este libro por mí. Os debo muchísimo. No, no insistáis, aun así no tenéis royalties por las ventas de este libro, pillines.

Un agradecimiento muy especial a Odile Fillod (buscadora independiente en estudios sociales de ciencias biomédicas) que me ha ayudado muchísimo para el capítulo «Saluda a tu sexo», en el cual en un principio había escrito bastantes gilipolleces que había encontrado por Internet. Gracias a la doctora Clémentine Courage, médica, por su tiempo, su ciencia y sus *selfies* con papadas.

Gracias a Arsène Marquis y Raphloy por haberme enseñado lenguaje inclusivo y las bases de lo que hay que saber sobre transidentidades.

Gracias a mi amiga de siempre, Emmanuelle Cornut, por haberlo revisado, por las largas discusiones alcoholizadas sobre el sexo, y por tu gracia.

Gracias a Martin Page por el prefacio de este libro así como por su libro *Más allá de la penetración*, que me ha inspirado un montón.

Gracias a Loll Willems y a Christophe Pouget por haberme hecho la foto.

AGRADECIMIENTOS

Gracias a mi maravillosa agente Ariane Geffard. Gracias a Jeremy Griffiths Permal por las traducciones al inglés en Instagram.

Gracias a l@s hombres/mujeres/personas no binarias de mi vida por la inspiración: gracias, Damien Moreau, por haber sido la relación más importante de mi vida, por haberme dado un hijo formidable y por haberme enseñado a tener confianza en mí misma. Gracias, Takumi Kobayashi, por el logo, por todos esos buenos momentos, así como por tu sed de nuevas experiencias que me han ayudado a escribir este libro desde el principio hasta casi el final. Gracias, Nicky Bruckert, por haberme hecho descubrir el sexo más allá de la penetración.

Gracias, Sil, por el sexo de calidad, los *fondants* de chocolate y por gruñir incluso sobre tus propios agradecimientos.

Gracias, Bony, eres la más sexy de las montañeras.

Gracias, Jérémie Galan, Yann Lemeunier. Gracias a todos mis ex y a todos mis follamigos, incluso a los malos.

Gracias a la gente de Instagram por vuestros *posts* inspiradores que me han permitido afinar un poco mi visión del feminismo. Gracias por vuestro apoyo, incluso a las personas con las que hoy difiero en mis posicionamientos: Delphine y Léa @Mercibeaucul, Lexie-Victoire Agresti @aggressively_trans, Fanny Godebarge @cyclique_fr, Chloé Dalibon @pointdevulve, Claudia Bortolino y Camille Dochez @cacti_magazine, Coline Charpentier @taspensea, Eva-Luna Tholance @ETholance, Lauren Villers @sheisangry Aliona @_laprédiction_, Florian Nardon @Violenteviande, Manon @lecul_nu, Anaïs Bourdet @anaisbourdet, Iréné de @Irenevrose Noémie de Lattre @noemie.de.lattre, Marie Bongars @mariebongars, Justine Courtot @sang.sations Céline Bizière @lesalondesdames, Anaïs Kugel @projetmademoiselle, Sabrina de @princesseperinee, Julia Pietry @Gangduclito, Camille Aumont Carnel @Jemenbatsleclito, Sarah Constantin y Elvire Duvelle-Charles @clitrévolution, Dora Moutot @tasjoui, Guillaume Fournier @tubandes, Adam de @nouveauxplaisirs (autor del *Tratado de los aneros*), Lucas Bolivard @meufsmeufsmeufs, Mathias Pizzinato @mathias.pizzinato.

Gracias a los *podcasters* Victoire Tuaillon (*Los cojones en la mesa*) y Gregory Pouys (Vlan).

Gracias a mis amigos: Emmanuelle Cornut, Sarah Hafner, Julie Bonnel, Anna Nicolle, Pierre Maxime Soulard, Julien Montanari, Clémentine Peron, Elodie Mariani, Edouard Isar, Laura Salque, Sabrina Bouzidi, Elisabeth y Jordan Noblet, Jean Granon, Loll Willems, Valentine Leboucq, Catherine Lesage, Alexandra Cuccia Vinrich, Gaëlle Ollé, Jérémie Morjane, Jérémy Vanderbosch, Aurélien & Mel Offner, Bertrand Gilbert, Stéphanie Cambus, Émilie Bich Ngoc, Lucia Dos Santos y Vincent Dolle, Pauline Meyer, Jean-Charles Thimonier, Véronique Borit, Nicolas Dez, Maxime Coubes, Charlotte Pisaneschi, Bénédicte Moret, Laure Fournier, Marion Hedelius, Julien Grange, Julia Do, Alice Laverty, Alice Cerisola, Alix Liaroutzos, Jeanne Tayol, Frédéric Marc Marion, Miyo Ogawa, Mitsuho Koga, Arthur de Pins, Lucie Rimey Meille, Cécile Sotton, Mélanie Fiot, Virgile Brouard, Ferdinand, Charlotte Cornu, Mooly, Cyril Lebret, Leny Saliège, Léa Pauc, Charles Boonen, Vincent Barbaté, Jonathan Clément, Laurie Dauba, Alex Aster Tyack, Jérémie Cortial, Marc Asseily, Margot Suzie, Stéphane Hirlemann, Rodolphe Bessey, Benjamin Hervé, Stéphane Marwal, Émilien Sitnikow, Mattias Pages, Valentin Chéné, Louis Tournier.

Gracias a mi familia: gracias, Papá y Mamá, por vuestro apoyo. Gracias a mis primos Anthony y Camille Boudong, por vuestra valiosa ayuda. Gracias, tita Giselle, por preguntarme cómo va mi clítoris. Va muy bien, gracias. Gracias al resto, incluso si nunca se han atrevido a hablar conmigo de este proyecto cuando menos picantón.

Y sobre todo, gracias, hijo mío, mi amor, Abel, quien sin saberlo me ha dado la fuerza de avanzar cuando he tenido ganas de abandonarlo todo porque a veces la vida es una mierda.